कम्प्यूटर शिक्षण

पी. नारंग

के.एस.के. पब्लिशर्स एवं डिस्ट्रीब्यूटर्स

7/26 (Basement), अंसारी रोड़, दरिया गंज, नई दिल्ली-110002

दूरभाष: (ऑफिस) 65190343, 42564726 (मो.) 9811088729

(नि.) 47091605 फैक्स: 42564726

ई-मेल: khelsahitya1@rediffmail.com

प्रकाशन द्वारा:
के.एस.के. पब्लिशर्स एवं डिस्ट्रीब्यूटर्स
H.O.: 7/26, Basement, अंसारी रोड़, दरिया गंज, नई दिल्ली-110002
दूरभाष: (ऑफिस) 65190343, 42564726 (मो.) 9811088729
(नि.) 47091605 फैक्स: 42564726
ई-मेल: *khelsahitya1@rediffmail.com*
वेबसाइट: *www.khelsahitya.trade-india.com*

अ०मा०पु०सं० - 81-7524-256-6

भारत में प्रकाशित 2007

लेज़र टाइपसेटिंग द्वारा:
जैन मीडिया ग्राफिक्स
C-4/95-A, केशव पुरम, (लारेन्स रोड़),
निकट सुभाष प्लेस, दिल्ली-35 मोबाईल: 9911151534, 9350556511

मुद्रक:
न्यू ज्ञान ऑफसेट प्रिंटर्स
495, शहजादा बाग, दिल्ली-110035

मूल्य : रु. 175/-

अनुक्रम

1

कम्प्यूटर–एक परिचय

कम्प्यूटर की परिभाषा

कम्प्यूटर शब्द की उत्पत्ति अंग्रेजी शब्द COMPUTE से हुई है जिसका अर्थ है गणना करना। सामान्य शब्दों में कहा जाए तो कम्प्यूटर एक ऐसी मशीन है जो गणना कार्य करती है। इस मशीन में हम विस्तृत डेटा भर सकते हैं और आवश्यकता पड़ने पर उसे अपनी आवश्यकतानुसार आउटपुट के रूप में बाहर भी निकाल सकते हैं। आरम्भ में कम्प्यूटर केवल गणना-क्षेत्र तक ही सीमित थे परन्तु विकास के साथ-साथ कम्प्यूटर का उपयोग आजकल विज्ञान, मौसम की जानकारी, अंतरिक्ष विज्ञान, आदि क्षेत्रों में बड़े पैमाने पर हो रहा है। स्पष्ट शब्दों में कहा जाए तो आजकल का तीव्र गति से चलने वाला विश्व कम्प्यूटर के बना अधूरा है।

कम्प्यूटर पांच प्रकार के होते हैं, जैसे-

1. डिजीटल कम्प्यूटर,
2. एनॉलोग कम्प्यूटर,
3. हाइब्रिड कम्प्यूटर,
4. ऐटामिक कम्प्यूटर और
5. ऑप्टिकल कम्प्यूटर

• डिजीटल कम्प्यूटर गणना का कार्य करने में सक्षम हैं।

• एनालोग कम्प्यूटर दो वस्तुओं के बीच तुलना तथा मापन कार्य कर सकते हैं।

• हाइब्रिड कम्प्यूटर डिजीटल एवं एनॉलोग कम्प्यूटर का मिश्रण है तथा उपरोक्त दोनों प्रकार के कार्य कर सकते हैं।

कम्प्यूटर को संरचना के आधार पर निम्नलिखित भागों में बांटा जा सकता है।

1. इनपुट यूनिट,
2. सेन्ट्रल प्रौसेसिंग, तथा
3. आउटपुट यूनिट।

कम्प्यूटर के इन भागों का वर्णन अधोलिखित है :

इनपुट यूनिट

मनुष्य के शरीर में जिस प्रकार आंख और कान बाह्य संकेतों को ग्रहण करते हैं, उसी प्रकार कम्प्यूटर के इनपुट यूनिट द्वारा सूचना कम्प्यूटर के अन्दर भेजी जाती है।

सेन्ट्रल प्रोसैसिंग यूनिट

सैन्ट्रल प्रोसैसिंग यूनिट कम्प्यूटर का मस्तिष्क है। जिस प्रकार मानव-मस्तिष्क मनुष्य की सभी क्रियाओं पर नियंत्रण रखता है उसी प्रकार सेन्ट्रल प्रोसैसिंग यूनिट कम्प्यूटर के कार्यों पर नियन्त्रण रखता है तथा अभीष्ट सूचनाएं कम्प्यूटर को प्रेषित करता है। कम्प्यूटर के अन्य भागों के बीच यह सेतु का कार्य करता है।

सेन्ट्रल प्रोसैसिंग यूनिट को तीन भागों में बाटां जा सकता हैं :

1. कन्ट्रोल यूनिट,

2. अंकगणितीय लॉजिक यूनिट, तथा

3. मैमोरी यूनिट।

(i) **कन्ट्रोल यूनिट**–इस यूनिट का कार्य यह सुनिश्चित करना होता है कि कम्प्यूटर अभीष्ट कार्य को निर्देशानुसार सही कर रहा है। यह यूनिट मैमोरी और A L U के बीच स्थिति होता है तथा उनके बीच डेटा स्थानांतरण का कार्य करता है।

(ii) **अंकगणितीय एवं लॉजिक यूनिट**–यह यूनिट मैमोरी से आए डेटा को जांचता है और वापिस मुख्य मैमोरी को प्रेषित कर देता है।

इस यूनिट में अंकगणितीय तथा लॉजिकल क्रियाएं दोनों ही होती हैं। अंकगणितीय क्रियाओं : जमा, घटा, आदि गणनाएं आती हैं जबकि लॉजिकल क्रियाएं अंकगणितीय क्रियाओं पर नियंत्रण रखती हैं।

यह सम्पूर्ण यूनिट दिए गए निर्देशानुसार मैमोरी से डेटा लेता है और अभीष्ट क्रियाएं रखता है।

(iii) **मैमोरी यूनिट**–मैमोरी यूनिट कम्प्यूटर का प्रमुख यूनिट है। जिस प्रकार हमारे मस्तिष्क में बातें याद रहती हैं उसी प्रकार यह यूनिट डेटा, गणनाएं और परिणाम समेट कर रखता है और आवश्यकता पड़ने पर यह आउटपुट के रूप में बाहर भेज सकता है। कम्प्यूटर की क्षमता को उसकी मैमोरी की क्षमता के अनुसार आंका जाता है। मैमोरी की क्षमता को बाइट में मापा जाता है।

1 किलोबाइट = 1024 बाइट,

1 मैगाबाइट = 1024 × 1024 बाइट, तथा 1 गीगा बाइट

सामान्यत: मैमोरी सेन्ट्रल प्रोसैसिंग का ही एक भाग है। मैमोरी का सम्बन्ध अंकगणितीय एवं लॉजिक यूनिट से होता है। मैमोरी यूनिट A L U को डेटा स्थानांतरित कर सकता है।

किसी कम्प्यूटर में मैमोरी निम्न प्रकार की हो सकती है :

- वोलेटाइल मैमोरी, तथा
- नॉन- वोलेटाल मैमोरी।

वोलेटाइल मैमोरी वह मैमोरी है जो पावर सप्लाई बंद कर दिए जाने पर नष्ट हो जाती है इस पर पावर बंद कर दिए जाने पर डेटा एवं सूचनाएं नष्ट हो जाती हैं। नॉन-वोलेटाइल मैमोरी में सूचनाएं पावन सप्लाई बंद कर दिए जाने पर नष्ट नहीं होती।

कम्प्यूटर की मैमोरी को निम्नलिखित मुख्य श्रेणियों में बांटा जा सकता है :

- रीड ऑनली मैमोरी, (ROM) तथा
- रैंडम एक्सेस मैमोरी (RAM)

1. **रीड ऑनली मैमोरी (ROM)**-इसे फर्मवेयर भी कहा जाता है। यह ऐसी मैमोरी है जिसमें एक बार कुछ लिखकर मेन मैमोरी में संचित किया जा सकता है परन्तु उसमें कोई परिवर्तन नहीं किया जा सकता। कम्प्यूटर निर्माता इसे स्थायी तौर पर कम्प्यूटर बनाते समय मेन मैमोरी में डाल देते हैं। यह मैमोरी कम्प्यूटर को आदेश देती है कि उसे किस प्रकार कार्य करना है। ROM नान-वोलेटाइल मैमोरी है।

2. **रैंडम एक्सेस मैमोरी**-यह मैमोरी थोड़े समय के लिए होती है तथा इसे वोलेटाइल मैमोरी भी कहा जाता है। यह मैमोरी पावर सप्लाई बंद कर दिए जाने पर नष्ट हो जाती है। RAM एक तेजी से होने वाली मैमोरी है। इस मैमोरी की क्षमता जितनी अधिक होगी कम्प्यूटर उतना ही अधिक तीव्र तथा अधिक कार्य करने वाला होगा।

(क) **चक्रीय मैमोरी**-यह मैमोरी डेटा को चक्रीय क्रम को प्रेषित करती है तथा समय अधिक लगता है। ड्रम तथा मैगनेटिक डिस्क इस प्रकार की मैमोरी को संचित करने वाले उपकरण हैं।

(ख) **क्रमानुसार मैमोरी**–इस प्रकार की मैमोरी में डेटा क्रमानुसार पढ़ा जा सकता है। एक डेटा के बाद दूसरा डेटा। अतः कोई बीच का डेटा पढ़ने के लिए पहले वाले डेटा को पार करना पड़ेगा अतः यह मैमोरी भी अधिक समय लगाती है। मैगनेटिक टेप, जिप ड्राइव, एम.ओ. ड्राइव आदि में इसी प्रकार की मैमोरी डाली जाती है।

(ग) **डायरेक्ट मैमोरी**–इस प्रकार की मैमोरी में डेटा को एकदम पढ़ा जा सकता है अतः इस समय कम लगता है। किसी बीच वाले डेटा को पढ़ने के लिए पहले डेटा को पढ़ने की आवश्यकता नहीं होती।

मैमोरी के लिए निम्नलिखित उपकरण काम में लाए जाते हैं :

1. मैगनैटिक डिस्क,
2. फ्लापी डिस्क,
3. विनचैस्टर डिस्क,
4. मैगनैटिक टेप,
5. ऑप्टिकल डिस्क,
6. मैगनैटिक ड्रम,
7. जिप ड्राइव, तथा
8. सी.ड.ी राइटर।

आउटपुट यूनिट

जिस प्रकार इनपुट यूनिट द्वारा डेटा कम्प्यूटर में डाला जाता है उसी प्रकार आउटपुट यूनिट द्वारा डेटा प्रिन्ट के रूप में बाहर निकाला जाता है। अतः इनपुट यूनिट और आउटपुट यूनिट कार्य में एक दूसरे से विपरीत होते हैं। आउटपुट द्वारा कम्प्यूटर में फीड किए गए डेटा को विभिन्न कार्यों के लिए प्रयोग में लाया जाता है। आउटपुट के लिए निम्न उपकरण प्रयोग में लाए जाते हैं :

1. मैगनेटिक टेप,
2. ग्राफ प्लाटर,
3. लेजर प्रिन्टर,
4. वीडियो यूनिट,
5. ऑप्टिकल प्रिन्टर,
6. माइक्रोफिल्म,
7. लाइन प्रिन्टर, तथा
8. फ्लापी डिस्क, आदि।

आउटपुट को प्रिन्ट करने के लिए सूचना मैमोरी से आती है और प्राप्त हुए संकेत/सूचनाएं प्रिन्टर द्वारा कागज पर छाप दी जाती हैं।

मैमोरी उपकरण

कम्प्यूटर के लिए मैमोरी एक अनिवार्य अवयव है।

आवश्यक डेटा को समेट कर रखना और जरूरत पड़ने पर उस डेटा को आउटपुट के रूप में बाहर भेजना मैमोरी यूनिट का कार्य है। मैमोरी के लिए मैगनैटिक डिस्क, फ्लापी डिस्क, विनचैस्टर डिस्क, मैगनेटिक टेप, ड्रम, ऑप्टिकल डिस्क, जिप ड्राइव तथा सी.डी. राईटर आदि प्रयोग किए जाते हैं। विभिन्न प्रकार की मैमोरी के लिए विभिन्न प्रकार के उपकरण काम में लाए जा सकते हैं जैसे–

1. क्रमानुसार मैमोरी –मैगनेटिक टेप कैसेट्स
2. चक्रीय मैमोरी – मैगनेटिक डिस्क मैगनेटिक ड्रम
3. सीधी पहुंच – फ्लॉपी डिस्क

कम्प्यूटर विशेषताएं

कम्प्यूटर एक अद्भूत मशीन है। प्रत्येक क्षेत्र में इसकी उपयोगिता का

सिक्का जम चुका है। जीवन की गतिविधियों में कम्प्यूटर की अपनी विशिष्ट भूमिका बन चुकी है। वर्तमान युग में कम्प्यूटर जीवन का पर्याय बन चुका है। दूसरे शब्दों में, कम्प्यूटर की विशेषताओं का विवरण नीचे दिया जा रहा है :

1. **गति**–कम्प्यूटर की कार्य करने की गति अद्‌भुत होती है। ये बड़ी तीव्र गति से गणनाएं करते हैं। ये एक सेकण्ड के लाखवे हिस्से में गणनाएं करने में सक्षम है। अच्छे कम्प्यूटर एक सेकण्ड में 3 लाख तक गणनाएं कर सकते हैं।

कम्प्यूटर की तीव्र गति होने से कई लाभ होते हैं। कम्प्यूटर द्वारा पूर्वानुमान बड़ी आसानी से लगाया जा सकता है। उदाहरण के लिए यह मौसम विभाग में मौसम की भविष्यवाणी कर देता है जिससे लोगों को पहले ही मौसम की जानकारी दी जा सकती है तथा समुद्र के पास के इलाके में तूफान आदि से होने वाली दुर्घटनाएँ टाली जा सकती हैं।

2. **स्टोरेज क्षमता**–कम्प्यूटर में डेटा स्टोर करने की अनुपम क्षमता होती है। कम्प्यूटर अपनी मैमोरी में बहुत अधिक मात्रा में डेटा स्टोर कर सकता है और आवश्यकता पड़ने पर प्रकाश की गति से डेटा प्रोसैस कर सकता है।

कम्प्यूटर लम्बे समय तक मैमोरी में डेटा रख सकता है जिसका मनुष्य को लाभ है क्योंकि मनुष्य बहुत-सी सूचनाएं लम्बे समय तक मस्तिष्क में याद नहीं रख पता और कम्प्यूटर का तो यह भी फायदा है कि जिस क्रम में इसमें डेटा फीड किया गया हो उसी क्रम में उसे पुनः प्राप्त किया जा सकता है।

कम्प्यूटर में दो प्रकार के स्टोरेज सिस्टम होते हैं। एक स्थायी स्टोरेज का होता है और दूसरा अस्थायी स्टोरेज का। इन्हें मेन मैमोरी और अतिरिक्त भी कहा जाता है। मैन मैमोरी में डेटा स्थायी तौर पर संग्रह किया जा सकता है और यह मैमोरी बड़ी होती है। अस्थायी मैमोरी अथवा

अतिरिक्त मैमोरी छोटी होती है तथा इसमें अधिक डेटा संग्रह नहीं किया जा सकता। डेटा स्टोरज के लिए कम्प्यूटर में कई उपकरण जैसी फ्लापी डिस्क, मैगनेटिक टेप, आदि प्रयोग में लाए जाते हैं।

3. **शुद्धता**-कम्प्यूटर जितनी अधिक तीव्रता से कार्य करने वाली मशीनें हैं उसी प्रकार शुद्ध कार्य भी करते हैं। इनमें त्रुटि की सम्भावना बहुत ही न्यूनतम होती है। कम्प्यूटर बहुत देर तक बिना थके कार्य कर सकता है और बार-बार उसी कार्य को भी बिना किसी त्रुटि के तीव्रगति से कर सकता है।

यदि इसमें फीड किया गया डेटा शुद्ध है और सही प्रकार प्रोग्रामिंग द्वारा फीड किया गया है तो आउटपुट भी सही प्राप्त होता है। यदि कम्प्यूटर में कोई गलती की संभावना होती भी है तो वह प्रयोगकर्ता की गलती के कारण ही होती है क्योंकि यह संभव है कि प्रयोगकर्ता द्वारा फीड किया गया डेटा/सूचना गलत हो।

4. **स्वचालन**-स्वचालन कम्प्यूटर की प्रमुख विशेषता है। एक बार इसे आदेश दे दिया जाए तो यह स्वंय ही कार्य करता है और तब तक कार्य करता रहता है जब तक कि इसे रूकने का आदेश न दे दिया जाए। अतः जब कार्य का चुनाव करके कम्प्यूटर को उसे प्रिन्ट करने/प्रौसेस करने का आदेश दे दिया जाता है तो वह बिना आपरेटर के ही ऐसा कर देता है। स्वचालन के गुण के कारण इसकी उपयोगिता बढ़ती जा रही है।

5. **उपयोगिता**-कम्प्यूटर में लॉजिक की क्षमता होती है जिसे यह अपने आंतरिक कंट्रोल के लिए उपयोग करता है। यह बिना थके लगातार कार्य करता है। इसका उपयोग विभिन्न क्षेत्रों जैसे विज्ञान, अंतरिक्ष विज्ञान, मौसम विज्ञान, डिजाइनिंग, हस्पतालों, रेलवे, डाकघरों, विद्यालयों, विश्वविद्यालयों, शिक्षा आदि में बढ़ता ही जा रहा है।

मानव से कम्प्यूटर की तुलना

मानव कम्प्यूटर का आविष्कारक है लेकिन कम्प्यूटर बुद्धि को छोड़कर

बाकी कार्यों में मानव से भी आगे निकल गया है। कम्प्यूटर ऐसी मशीन है जो बिना थके, तीव्र गति से शुद्धता के साथ कार्य करती है। मानव से यह कई प्रकार से भिन्न है। आइए, मानव और कम्प्यूटर के बीच कुछ मुख्य अंतर देखें :

1. **विचार क्षमता**- कुल मिलाकर कम्प्यूटर एक निर्जीव मशीन है जो सोचने का कार्य नहीं कर सकती। मनुष्य मस्तिष्क सोचने, समझने एवं निर्णय लेने का कार्य कर सकता है। लेकिन कम्प्यूटर ऐसा कर पाने में असमर्थ है। इसमें जिस प्रकार का इनपुट डाला जाता है यह उसी आधार पर सूचना दे देता है। इसमें यदि कोई फलन या सूत्र गलत डाल दिया गया है तो यह आउटपुट के रूप में गलत सूचनाएं ही देगा। उसे स्वत: ठीक कर पाने में यह असमर्थ है। उदाहरण के लिए, किसी से पूछा जाए कि एक छात्र की आयु -18 वर्ष है और एक की 22 वर्ष तो कौन सा छात्र बड़ा हैं ? सुनने वाला सर्वप्रथम यह कहेगा कि छात्र की आयु ऋणात्मक नहीं हो सकती। लेकिन कम्प्यूटर इस प्रकार का कोई तर्क नहीं प्रस्तुत करेगा। वह तो अंकगणित के आधार पर यह सूचना देगा कि 22 वर्ष वाला छात्र बड़ा है।

2. **मानव पर निर्भरता**-मानव आखिरकार कम्प्यूटर का निर्माता है तथा कुल मिलाकर कम्प्यूटर आदेशों के लिए मानव पर ही निर्भर है। कार्य के लिए मानव उसे जैसा आदेश देता है कम्प्यूटर उसका पालन करता है। यही नहीं एक बाद आदेश दिए जाने पर कम्प्यूटर स्वचालित हो जाता है परन्तु यह बिना आदेश प्राप्त किए स्वयं कार्य नहीं कर सकता।

2

कम्प्यूटर का इतिहास

आरम्भिक कम्प्यूटर मशीनें

वर्तमान स्तर तक पहुचने में कम्प्यूटर का क्रमवार विकास हुआ है। कम्प्यूटर का इतिहास बहुत पुराना है। वास्तव में, सर्वप्रथम जो गणना उपकरण बना था वह 3000 ई. पू. अबाकस ने बनाया था तब से यह मशीन विकास की विभिन्न पीढ़ियों से गुजर चुकी है तथा माइक्रो-कम्प्यूटर का रूप धारण कर चुकी है। नीचे कुछ आरम्भिक कम्प्यूटर मशीनों का वर्णन दिया जा रहा है।

पास्कल कैलकुलेटर

फ्रांसीसी गणितज्ञ ब्लेज पास्कल द्वारा इस मशीन का विकास सन् 1642 में हुआ। पास्कल के पिता फ्रांस में कर-अधीक्षक थे, जिन्हें अपने हिसाब-किताब से फुर्सत ही नहीं मिलती थी। पास्कल के मन में उनकी सहायता करने का विचार जागा। इस विचार ने इस कैलकुलेटर को जन्म दिया।

पास्कल की यह मशीन केवल जमा और घटा करती थी। परन्तु अपनी उपयोगिता के कारण यह बड़ी प्रचलित हुई।

इस मशीन में गियर, डायल और पहिए थे। प्रत्येक पहिए में दस भाग थे। आज भी हमारे घरेलू विद्युत मीटर में इसी प्रकार के पहिए होते हैं।

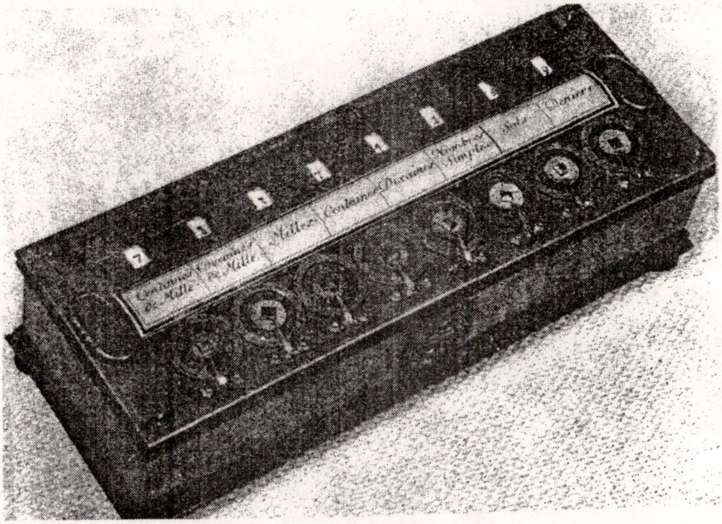

ब्लेसी पास्कल

पास्कल की मशीन में ये पहिए घूमते हुए जमा या घटा क्रिया करते थे। यह मशीन बहुत अधिक प्रचलित हुई। पास्कल को सम्मान प्रकट करने के लिए पास्कल भाषा का नाम उन्हीं के नाम पर रखा गया है। बाद में जर्मन गणितज्ञ लेब्निट्ज द्वारा इस मशीन को और अधिक विकसित किया गया।

चार्ल्स बैबेज मशीन

चार्ल्स बैबेज को आधुनिक कम्प्यूटर का विज्ञान का जन्मदाता कहा जाता है। चार्ल्स बैबेज ब्रिटेन में कैम्ब्रिज विश्वविद्यालय में गणित के प्रोफेसर थे जिन्होंने सन् 1823 में एक मशीन विकसित की जिसे डिफरैंस इंजिन कहा गया। यह मशीन बीजगणितीय फल बड़ी आसानी से करने में सक्षम थी तथा इसमें 20 अंकों तक की संख्याएं बड़ी आसानी से आ जाती थीं।

चार्ल्स बैबेज

चार्ल्स बैबेज द्वारा निर्मित यंत्र

चार्ल्स बैबेज द्वारा निर्मित एक अन्य उपकरण

अपने इस अविष्कार से प्रेरित होकर बैबेज ने एक अन्य मशीन बनाने की सोची जिस पर गणितीय प्रक्रियाएं स्वत: ही हो सके तथा आउटपुट का प्रिन्ट भी प्राप्त हो सके।

बैबेज का यह स्वप्न दुर्भाग्यवश पूरा नहीं हो पाया तथा मशीन का विकास नहीं हो सका। हांलाकि यह महान् वैज्ञानिक जीवन-पर्यन्त अपने इस कार्य में लगा रहा, परन्तु उस समय वर्तमान जैसे पुर्जों तथा औजारों का निमार्ण नहीं हुआ था। परन्तु फिर भी उनकी इस मशीन की रूपरेखा आजकल के मॉडल के समान ही है। बैबेज को सही अर्थों में ही आधुनिक कम्प्यूटर विज्ञान का जन्मदाता कहते हैं।

पंच कार्ड

पंच कार्ड का आविष्कार भी एक रोचक घटना है। डॉक्टर हर्मन हालरिथ अमरीका में जनगणना विभाग में कार्य कर रहे थे। डेटा बहुत अधिक विस्तृत था। जिस गति से कार्य चल रहा था उस हिसाब से वर्ष 1880 की जनगणना का कार्य सन् 1887 में खत्म होना था। यह अवधि बहुत अधिक थी क्योंकि इतने अधिक समय में की गई जनगणना का कोई

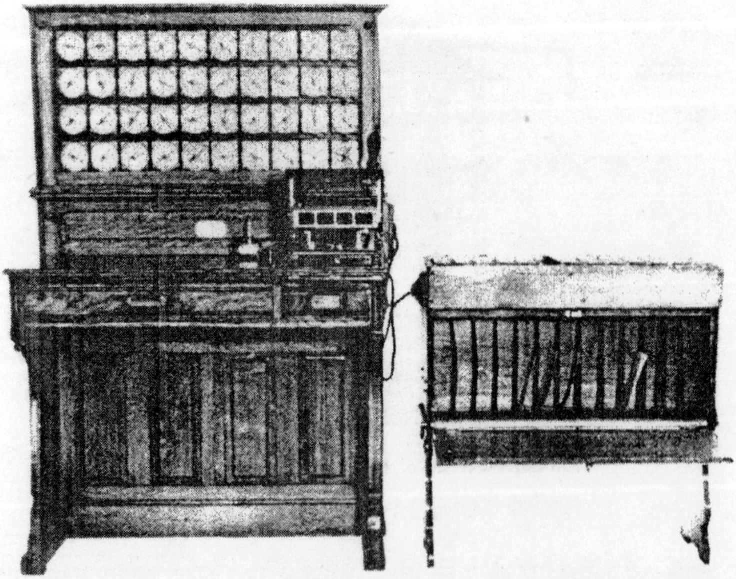

डॉक्टर हर्मन हालरिथ द्वारा निर्मित पंच कार्ड उपकरण

महत्त्व ही नहीं होता था। जनसंख्या गणना के आधार पर ही अन्य योजनाएं कार्यान्वित होती थी।

डॉक्टर हर्मन हालरिथ ने सन् 1887 में एक पंच कार्ड उपकरण बनाया जिसे उन्होंने जनगणना मशीन का नाम दिया। इस मशीन के आश्चर्यचकित करने वाले परिणाम प्राप्त हुए। 1890 की जनगणना का कार्य मात्र तीन वर्षों में हो गया जबकि इस दौरान जनसंख्या भी बहुत अधिक बढ़ गई थी। जो कार्य 10 वर्षों में सामान्यतः होना था इस मशीन की सहायता से वह बहुत जल्द निपट गया।

पंच कार्ड एक इनपुट उपकरण है जो डेटा कम्प्यूटर तक पहुंचाता है। पंच कार्ड एक निश्चित आकार का होता है। पंच कार्ड पर अक्षर कोड के रूप में पंच किए जाते हैं। पंच करने का तात्पर्य छिद्र करने से है। छिद्र

करने के लिए पंच कार्ड मशीन प्रयोग में लाई जाती है। यह मशीन विभिन्न आकार निर्धारित स्थान पर पंच करती जाती है। पंच करने की प्रक्रिया में अभिष्ट डेटा पंच कार्ड पर स्टोर हो जाता है जो कम्प्यूटर द्वारा आसानी से पढ़ा जा सकता है। कम्प्यूटर तक डेटा पहुंचाने के लिए कार्ड को रीडर स्टेशन में से गुजारा जाता है। कार्ड पर संचित डेटा रीडर द्वारा पढ़ा जाता है। डेटा बाइनरी कोड में परिवर्तित हो जाता है जो कि कम्प्यूटर द्वारा आसानी से पढ़ा जा सकता है।

कार्ड पंचिंग प्रक्रिया

कार्ड को पंच करने का तात्पर्य छिद्र करने से है। पंच करने की प्रक्रिया में अभिष्ट डेटा कार्ड पर स्टोर कर लिया जाता है तथा बाद में कम्प्यूटर आसानी से पढ़ लिया जाता है।

कार्ड पंचिंग मशीन द्वारा पंच किया जाता है। यह प्रक्रिया टंकण मशीन की तरह है क्योंकि इसमें की-बोर्ड होता है। जब कार्ड मशीन में डाला जाता है तो विभिन्न स्थानों पर मशीन पंच करती चली जाती है। प्रक्रिया के दौरान अभिष्ट डेटा कार्ड स्टोर हो जाता है।

जब एक बार अभिष्ट डेटा कार्ड पर स्टोर हो जाता है तो कार्ड को कार्ड रीडर में डाला जाता है। यह कार्ड रीडर अति तीव्र गति कार्ड पढ़ सकता है। यह गति 100 कार्ड से 2,000 कार्ड प्रति मिनट होती है। पंच कार्ड ऑपरेटर कार्ड पर प्रकाश फैंकता है। यदि कार्ड पर कोई छिद्र है तो विद्युतीय संकेत उत्पन्न हो जाता है। ये विद्युतीय संकेत ही बताते हैं कि क्या डेटा पढ़ा जा रहा है। कार्ड पर पंच हुए डेटा की शुद्धता की जांच करने के लिए कार्ड को भेरीफायर में डाला जाता है। अशुद्ध कार्ड को रिजेक्ट कर दिया जाता है तथा नया कार्ड पंच किया जाता है।

पंच कार्ड प्रयोग

वर्तमान में डेटा स्टोर करने के लिए पंच कार्ड की अपेक्षा अन्य स्टोरेज उपकरणों जैसे मैगनेटिक डिस्क, टेप, फ्लॉपी, आदि का प्रयोग हो रहा

है। इन नए उपकरणों ने पंच कार्ड का उपयोग कम कर दिया है। इस संदर्भ में निम्नलिखित कारण हैं :

1. ये जल्दी खराब अथवा नष्ट हो जाते हैं।

2. यदि एक बार कार्ड पर डेटा गलत पंच हो जाए तो उसे शुद्ध नहीं किया जा सकता, बल्कि नया-कार्ड पंच करना पड़ता है।

3. इनका रख-रखाव भी महंगा पड़ता है।

4. पंच कार्ड युक्ति धीमी प्रक्रिया है अतः प्रक्रिया में बहुत समय लग जाता है।

5. कार्डों की संख्या अधिक लगने से ये मंहगे पड़ते हैं।

कम्प्यूटर पीढ़ियाँ

कम्प्यूटर का विकास एक नवीन घटना नहीं है। 300 ई. पू. अबाकस ने गणना करने वाली मशीन का विकास कर दिया था। सैकड़ों वर्ष पूर्व विभिन्न प्रकार की मशीनें विकसित की जा चुकी थीं। विश्व-युद्ध के पश्चात् तो कम्प्यूटर का विकास बड़ी तीव्रता के साथ हुआ। यह विकास एक क्रमबद्ध रूप में हुआ। विकास के आधार पर कम्प्यूटर को 5 पीढ़ियों में विभक्त किया जा सकता है।

1. प्रथम पीढ़ी (1942-1960)

2. द्वितीय पीढ़ी (1960-1965)

3. तीसरी पीढ़ी (1965-1975)

4. चौथी पीढ़ी (1975-अब तक)

5. पांचवी पीढ़ी (आगामी कम्प्यूटर)

प्रथम पीढ़ी (1942-1960)

इस पीढ़ी के कम्प्यूटर का विकास अमरीका में सन् 1946 में हुआ था।

इसका निर्माण जे. पी. एकर्ट तथा जे. डब्लू. मोकली द्वारा किया गया था। इसे पूरा बनने में 4 वर्ष का समय लगा और इसे बनाने में 4 लाख डालर खर्च आया था। इस मशीन में लगभग 18,00 निर्वात ट्यूबें तथा 70,000 रोधक लगे थे। कुल मिलाकर इसमें 60,000 स्विच थे। सन् 1953 तथा 1954 में इंटरनेशनल बिजनैस मशीन द्वारा आई. बी. एम. -650 का विकास हुआ।

प्रथम पीढ़ी के कम्प्यूटर के दोष

इस पीढ़ी के कम्प्यूटर में कुछ दोष भी थे जिनका उल्लेख नीचे हैं -

1. इन कम्प्यूटरों में निर्वात ट्यूबों का इस्तेमाल होता था तथा ये मंहगे पड़ते थे।

2. विद्युत-खपत अधिक होती थी। ये जल्दी गर्म हो जाते थे। अतः इन्हें बार-बार ठण्डा करना पड़ता था।

3. इनकी स्पीड अधिक नहीं थी और क्षमता भी सीमित थी।

4. अधिक बड़े होने के कारण अधिक स्थान घेरते थे।

5. इनका जीवन/कार्यकाल भी अधिक नहीं था।

द्वितीय पीढ़ी (1960-1965)

दूसरी पीढ़ी के कम्प्यूटरों का आविष्कार सन् 1948 में ट्रांजिस्टर के आविष्कार के कारण ही सम्भव हो सका।

ट्राजिंस्टर निर्वात ट्यूबों की अपेक्षा काफी छोटे पुर्जे थे और निर्वात ट्यूबों के स्थान पर इनका प्रयोग काफी फायदेमंद सिद्ध हुआ। दूसरी पीढ़ी के कम्प्यूटर में IBM-700, 1401, CDC-3600, UNIVAC-1108, ICL-1901 प्रमुख हैं। हांलाकि, ये कम्प्यूटर अपेक्षाकृत अधिक छोटे तथा अधिक शक्तिशाली थे, परन्तु फिर भी महंगे होने के कारण इनका प्रयोग सीमित था। बड़े-बड़े व्यापारिक संस्थान ही इसका खर्च उठा सकने में सक्षम थे।

तीसरी पीढ़ी के कम्प्यूटर (1965-1975)

तकनीक के विकास के साथ-साथ सन् 1964 में इन्टीग्रेटेड सर्किट का विकास हुआ जो सिलिकान के बने थे। इस इन्टीग्रेटेड सर्किट पर कई ट्रांजिस्टर व रोधक आ सकते थे जिन सबको जोड़ने से केवल एक ही पुर्जा बनता था। इसको चिप भी कहा जाता था। इस पीढ़ी के कम्प्यूटर पहली पीढ़ी के कम्प्यूटर की तुलना में 1000 गुणा अधिक तीव्र थे। इस पीढ़ी के कम्प्यूटरों में नए स्टोरेज उपकरणों तथा इनपुट उपकरणों का इस्तेमाल होने लगा।

इस पीढ़ी के कम्प्यूटरों में ICL -1900, IBM-360, IBM-370 प्रमुख हैं।

चौथी पीढ़ी के कम्प्यूटर (1975 से अब तक)

IC के विकास के साथ-साथ एक IC पर हजारों ट्रांजिस्टर बनाना संभव हो गया। इस तकनीक को LSI के नाम से जाना जाता है। इस प्रकार की पीढ़ी में आने वाले कम्प्यूटरों में Intel-4004, Apple Series-I और Apple Series II, DCM-स्पैक्ट्रम प्रमुख है।

चौथी पीढ़ी के कम्प्यूटरों की विशेषताएं

1. आकार अत्यन्त छोटा तथा स्पीड बहुत अधिक है।
2. डेटा प्रोसैसिंग क्षमता पहली पीढ़ियों की तुलना में बहुत अधिक है।
3. पिछली पीढ़ियों की तुलना में ये कम्प्यूटर काफी सस्ते हैं।
4. अधिक देर तक बिना रूके कार्य करने में सक्षम हैं।
5. विद्युत आवश्यकता बहुत कम पड़ती है तथा ये कम ऊष्मा उत्सर्जित करते हैं।

पांचवी पीढ़ी के कम्प्यूटर

मनुष्य जो प्राप्त कर लेता है उसे वह कम लगता है। कम्प्यूटर को और

अधिक विकसित करने की भूख अभी वैज्ञानिकों की शांत नहीं हुई है। वे लगातार प्रयास कर रहे हैं कि ऐसे सुपर कम्प्यूटरों का विकास किया जाए जो स्वयं ही सोच सके तथा निर्णय ले सकें। इस प्रकार वे सोचने व गणना करने मे मानव से भी आगे निकल जाएंगे। इन कम्प्यूटरों की पीढ़ी का आना अभी बाकी है।

जापानियों ने इस श्रेणी के कम्प्यूटरों का नाम KIPS रखने की सोची है। इसके लिए वे नई हार्डवेयर, साफ्टवेयर तथा ऐसी कम्प्यूटर भाषाएं खोजने में लगे हैं, ताकि उनका यह सपना साकार हो सके।

3

कम्प्यूटर के प्रकार

1. कम्प्यूटर क्या है ?

कम्प्यूटर के बारे में आगे बढ़ने से पहले यह जान लेना आवश्यक है कि कम्प्यूटर क्या है ? यह एक अद्‌भुत मशीन है जो अनूठे कार्य करती है। प्रत्येक क्षेत्र में कम्प्यूटर का प्रवेश हो गया है। यह एक छोटी-सी मशीन एक आश्चर्य से कम नहीं है।

यदि सीधे शब्दों में कहा जाए तो कम्प्यूटर एक ऐसी मशीन है जो गणना कार्य करती है। वास्तव में, कम्प्यूटर का विकास मानवता के लिए एक अनूठा उपहार है। आरम्भिक काल में मनुष्य के लिए गणना करना एक कठिन कार्य था, कम्प्यूटर ने उसकी आवश्यकता को बड़ा आसान बना दिया है। कम्प्यूटर आज केवल गणना का ही कार्य नहीं करते, ये आज अंतरिक्ष विज्ञान, मौसम की भविष्यवाणी के लिए, पुस्तक-छपाई के लिए बड़े अभिन्न अंग समझे जाते हैं।

अबेकस शब्द अरबी भाषा के शब्द 'अबक' से बना है, जिसका मतलब है, बालू की सपाट सतह। इसमें लकड़ी के एक तख्ते में रेत एक सिरे से दूसरे सिरे तक फैली रहती थी। इसी रेत में खांचे बनाकर कंकड़ियां रख दी जाती थीं। बाद में इसी चौखट का बदला हुआ रूप अबेकस के रूप में नजर आया। इसमें बालू के स्थान पर लकड़ी का और ककड़ियों के स्थान पर मनकों का प्रयोग किया गया था। लकड़ी की चौखट वाले

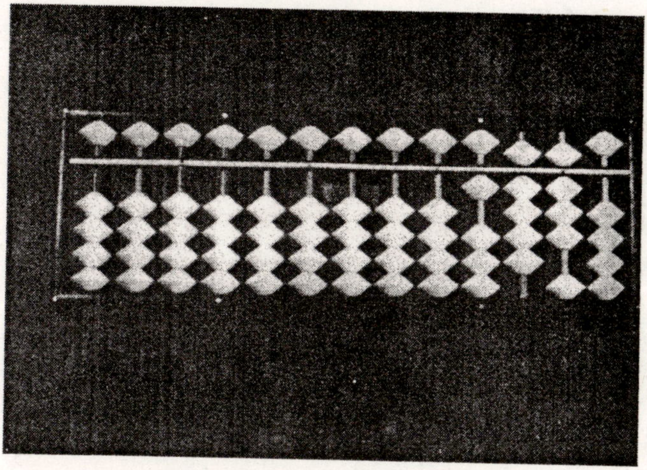

अबेकस द्वारा निर्मित गणना मशीन

अबेकस का विकास सबसे पहले चीन में हुआ, जहां से यह मिस्त्र, ग्रीस और रोम आदि में फैला। यह सरल यंत्र कई आधुनिक देशों जैसे रूप, जापान, भारत आदि में बच्चों को गिनती सिखाने के लिए आज भी प्रचलित है।

कम्प्यूटर अंग्रेजी भाषा का शब्द है जिसका तात्पर्य ही गणना करने वाली मशीन से है। कम्प्यूटर का आविष्कार एक नवीन घटना नहीं है। 3000 ई. पू. अबेकस ने गणना करने वाली मशीन विकसित की थी। आरम्भ में कम्प्यूटर बड़े आकार वाले तथा धीमी गति से कार्य करने वाले होते थे परन्तु आज कम्प्यूटर जेब तक में रखे जा सकते हैं और अनोखी तीव्रता से कार्य करते हैं।

अबेकस का आरम्भिक कम्प्यूटर एक आयताकार फ्रेम के रूप में था जिस पर क्षेतिज छड़िया लगी हुई थीं। इन छड़ियों पर मनके लगे हुए थे। गणना करते समय मनके को पीछे हटा दिया जाता था।

कम्प्यूटर वर्गीकरण

यह आवश्यक नहीं कि सभी कम्प्यूटर एक समान कार्य कर सकते हो। कोई कम्प्यूटर कोई एक विशेष कार्य कर सकता है और दूसरा कोई अन्य विशेष कार्य। कभी-कभी कुछ कम्प्यूटर एक से अधिक कार्य कर सकते हैं। श्रेणी के आधार पर कम्प्यूटर विभिन्न प्रकार के होते हैं। इसके आधार पर कम्प्यूटर का वर्गीकरण 5 प्रकार से किया जा सकता है :

- डिजिटल कम्प्यूटर
- ऐटॉमिक कम्प्यूटर
- हायब्रिड कम्प्यूटर
- ऑप्टिकल कम्प्यूटर
- एनालॉग कम्प्यूटर

1. डिजीटल कम्प्यूटर

डिजीटल कम्प्यूटर गणना-प्रक्रिया तेजी से होती है। इस प्रकार के कम्प्यूटर केवल जमा करने में सक्षम हैं। गुणा, विभाजन, आदि भी जमा प्रक्रिया द्वारा होते हैं। व्यापारी कार्यो में डिजीटल कम्प्यूटर प्रयोग किए जाते हैं। आमतौर से कम्प्यूटर शब्द डिजिटल कम्प्यूटर के लिए ही प्रयोग होता है। डिजिटल कम्प्यूटर सभी प्रकार की सूचनाओं को बाइनरी पद्धति में बदलकर अपना काम करता है। यह सभी प्रकार की गणनाएं, भले ही वह गुणा, भाग या घात क्यों न हो, गिनकर करता है। प्रति सेकंड लाखों या करोड़ों गणनाएं हो सकते के कारण जटिल समस्याओं का हल भी जल्द ही जो जाता है। इनकी विशेषता यह है कि इनकी गणना में गलतियां नहीं होती हैं।

2. एनालॉग कम्प्यूटर

कम्प्यूटर की एक अन्य श्रेणी भी है जो माप कार्य कर सकती है। यह

कम्प्यूटर दो वस्तुओं के बीच तुलनात्मक कार्य भी कर सकते हैं। यह कार्य एनालॉग कम्प्यूटर में विद्युत-संकेतों द्वारा होता है। एनालॉग एक ग्रीक शब्द है, जिसका अर्थ है दो राशियों में अनुरूपता खोजना। इन कम्प्यूटरों में किसी भौतिक विधि या राशि को इलेक्ट्रॉनिक परिपथों की सहायता से विद्युत संकेतों में बदल लिया जाता है। जिस प्रकार डिजिटल कम्प्यूटर अंकों को गिनकर काम करता है। उसी प्रकार एनॉलाग कम्प्यूटर मापकर या नापकर काम करता है।

इस प्रकार के कम्प्यूटर किसी विशेष कार्य पद्धति के नियंत्रण के लिए बनाये जाते हैं। किसी भी भौतिक विधि को अवकलन गणित का प्रयोग कर समीकरणों में बदल लिया जाता है, फिर एनालॉग कम्प्यूटर के एम्प्लीफायर ब्लॉक्स की मदद से इनके अनुरूप विद्युत परिपथ बना लिया जाता हैं। इस प्रकार किसी दी गई विधि का एक इलेक्ट्रॉनिक नमूना बन जाता है। इस तरह किसी भी विधि के नियंत्रण के लिए इन कम्प्यूटरों की सहायता से दिशा निर्देश मिल जाते हैं।

3. हाइब्रिड कम्प्यूटर

हाइब्रिड कम्प्यूटर डिजिटल और एनालॉग कम्प्यूटर का मिश्रण है। इस कम्प्यूटर में कुछ गणनाएं कम्प्यूटर के एक हिस्से एनालॉग विभाग में होती हैं तथा कुछ गणनाएं डिजिटल विभाग में होती हैं। जिस प्रकार की गणना की आवश्यकता होती है वह गणना उसी प्रकार डिजिटल या एनालॉग विभाग में हो जाती है। हाइब्रिड कम्प्यूटर एक तरह से अत्याधुनिक कम्प्यूटर है। डिजिटल व एनालॉग दोनों तरह के कम्प्यूटरों को मिलाकर बनाये गये इन कम्प्यूटरों में दोनों तरह के कम्प्यूटरों की विशेषताओं का लाभ उठाया जा सकता है। ऐसा ही एक उपकरण रोबोट है, जिसकी सहायता से लाखों कार्य ऑटोमेटिक रूप से किये जा रहे हैं।

एनालॉग कम्प्यूटर में किसी भी सिस्टम के नियंत्रण के लिए एक ही क्षम में दिशा-निर्देश मिल जाते हैं और वह उस पर लगातार काम करता रहता है। लेकिन इसके परिणाम पूरी तरह शुद्ध नहीं होते। इसलिए शत-प्रतिशत

शुद्ध परिणाम प्राप्त करने के लिए इसके संकेतों को डिजिटल रूप में बदल लिया जाता है। इस काम के लिए कुछ विशेष यंत्रों का प्रयोग होता है, जिन्हें मोडेम कहते हैं। ये एनालॉग संकेतों को डिजिटल तथा डिजिटल को एनालॉग में बदलने का काम करते हैं।

4. ऑप्टिकल कम्प्यूटर

पांचवी जनरेशन के कम्प्यूटरों के विकास क्रम में अब इस प्रकार के कम्प्यूटर बनाये जा रहे हैं जिनमें एक भाग को दूसरे भाग से जोड़ने का काम ऑप्टिकल फाइबर के बने तारों से किया जा रहा है। इनके गणना करने वाले भाग भी ऑप्टिकल सिस्टम पर बनाये जा रहे हैं। विद्युत की गति 3 लाख कि.मी. प्रति सेकंड होने के कारण एक मीटर की दूरी तय करने में किसी भी विद्युतीय संकेत को 3 नैनो सेकंड का समय लगता है। यूं तो यह समय बहुत कम है लेकिन गणना इससे भी कम समय में करने के लिए बिना तार के कम्प्यूटर बनाने की आवश्यकता अनुभव हुई, जिसे पूरा करने के लिए ऑप्टिकल फाइबर पद्धति को अपनाया जा रहा है। यह पद्धति कम्प्यूटर की स्पीड बढ़ाने में बहुत सहायक सिद्ध होगी।

5. ऐटॉमिक कम्प्यूटर

कार्नेगी मेलोन विश्वविद्यालय में ऐसे ऐटॉमिक कम्प्यूटर बनाने के लिए काम जारी है जो किसी खास प्रोटीन के परमाणुओं को एकीकृत परिपथ में बदल दे और साथ ही कंप्यूटर को आज के कम्प्यूटरों के मुकाबले 10,000 गुणा क्षमता और स्पीड वाला बना दे।

बैक्टीरियो हार्डोप्सिन नामक इस प्रोटीन में 10,000 गीगाबाइट जानकारी संग्रहित की जा सकती है और इससे 10 पीकी सेकंड की क्षमता से कार्य लिया जा सकता है।

4

कम्प्यूटर के अंग

कम्प्यूटर को दो भागों में बाट सकते हैं- कम्प्यूटर हार्डवेयर और कम्प्यूटर साफ्टवेयर

कम्प्यूटर हार्डवेयर

कम्प्यूटर हार्डवेयर से तात्पर्य कम्प्यूटर की आंतरिक संरचना से है। कम्प्यूटर की जानकारी के लिए इसकी भीतरी संरचना को समझना अत्यन्त आवश्यक है।

कम्प्यूटर में इनपुट माध्यम-की बोर्ड की सहायता से डेटा डाला जाता है। इस बोर्ड में वर्णमाला के अक्षर, संख्याएं, आदि होती हैं तथा इसकी संरचना हमारे साधारण टाइप राइटर से मिलती-जुलती है।

कम्प्यूटर को मुख्य रूप से तीन भागों में बांटा जा सकता है :

1. इनपुट यूनिट,

2. सेन्ट्रल प्रोसैसिंग यूनिट, एवं

3. आउटपुट यूनिट।

डेटा इनपुट उपकरण द्वारा कम्प्यूटर में डाला जाता है। सेन्ट्रल यूनिट में उसकी प्रोसैसिंग होती है और आउटपुट उपकरण द्वारा परिणाम प्राप्त होता

है।

इनपुट यूनिट

इनपुट यूनिट द्वारा ही कम्प्यूटर में डेटा पर कार्य होता है। इनपुट यूनिट की सहायता से-

- नया डेटा फीड किया जा सकता है।
- पुराना डेटा निकाला जा सकता है।
- डेटा में परिवर्तन किए जा सकते हैं।

कई अन्य कार्य भी इनपुट यूनिट से ही किए जाते हैं। इनपुट यूनिट में की बोर्ड सबसे मुख्य अंग है। की-बोर्ड की बनावट टाइप राइटर से मिलती-जुलती है। की-बोर्ड पर वर्णमाला संख्या के बटनों के अलावा अन्य बटन भी होते हैं जो अलग-अलग कार्य करते हैं आजकल 101 या अधिक बटनों वाले तथा मल्टी-मीडिया की-बोर्ड उपलब्ध हैं।

जैसे ही हम की-बोर्ड पर कोई बटन दबाते हैं वैसे ही मॉनीटर स्क्रीन पर उस बटन से सम्बन्धित चिन्ह/जानकारी प्रकट हो जाती है।

कुछ अन्य इनपुट उपकरण

1. चुम्बकीय टेप
2. फ्लॉपी डिस्क
3. पंच पेपर टेप।
4. चुम्बकीय डिस्क
5. पंच कार्ड रीडर

सेन्ट्रल प्रोसैसिंग यूनिट सी.पी.यू.

सेन्ट्रल प्रोसैसिंग यूनिट कम्प्यूटर का केन्द्रीय भाग है। यह भाग कम्प्यूटर के सभी कार्यों पर नियन्त्रण रखता है। सी.पी.यू. अन्य इनपुट उपकरणों की सहायता से मेन मैमोरी में डेटा प्राप्त करता है तथा उन्हें कम्प्यूटर तक प्रेषित करता है।

सी.पी.यू. को 3 भागों में बांटा गया है :

1. कन्ट्रोल यूनिट
2. अंकगणितीय एवं लॉजिक यूनिट, एवं
3. मैमोरी यूनिट।

(A) कन्ट्रोल यूनिट

कम्प्यूटर कार्यों पर नियन्त्रण यही भाग रखता है। मैमोरी यूनिट तथा अंकगणितीय एवं लॉजिक यूनिट के बीच ताल-मेल बनाता है। मैमोरी में जो प्रोग्राम संचित होता है यह उसका संचालन करता है।

(B) अंकगणितीय एवं लॉजिक यूनिट

यह भी सी. पी. यू. का एक महत्त्वपूर्ण भाग है। यह मैमोरी यूनिट से आए डेटा की जांच करता है तथा परिणाम को पुनः मैमोरी में प्रेषित कर देता है। सभी अंकगणितीय प्रक्रियाएँ इसी यूनिट में संचालित होती हैं।

यह भाग योग, घटा, विभाजन तथा गुणा, आदि क्रियाएं करता है। इस प्रकार के सभी क्रिया-कलाप यह अपने हिस्सों जैसे विद्युत-संचयन उपकरण तथा मैमोरी डेटा रजिस्टर में करता है। रजिस्टर डेटा को अस्थायी रूप से संचित करने वाले भाग होते हैं। कम्प्यूटर में बहुत अधिक रजिस्टर होते हैं। रजिस्टर सर्किट के हिसाब से मेन मैमोरी जैसे होते हैं।

(C) मैमोरी यूनिट

जिस प्रकार मानव मस्तिष्क सूचनाएं संचित कर लेता है, उसी प्रकार कम्प्यूटर का मैमोरी यूनिट मस्तिष्क का कार्य करता है। समस्त डेटा मैमोरी में जमा हो जाता है जिसे आवश्यकता पड़ने पर जांचा जा सकता है तथा आउटपुट के रूप में पुनः प्राप्त किया जा सकता है। मैमोरी की क्षमता को ब्राइट में आंका जाता है। किलोबाइट, मेगावाट, गिगाबाइट बड़े मात्रक हैं।

अगर संक्षेप में कहा जाए तो सी. पी. यू. के निम्नलिखित कार्य हैं :

1. यह डेटा तथा अन्य सूचनाएं संचित करता है।
2. यह क्रिया-कलापों की दर पर नियन्त्रण रखता है।
3. यह भाग कम्प्यूटर के अन्य भागों का संचालन करता है।
4. डेटा प्रोसैसिंग का कार्य करता है और उसे आउटपुट के रूप में बाहर प्रेषित करता है।

आउटपुट यूनिट

आवश्यकता पड़ने पर कम्प्यूटर में डाला गया डेटा प्रिन्टर द्वारा प्रिन्ट कर लिया जाता है।

इनपुट और आउटपुट यूनिट क्रिया-कलाप में एक दूसरे से विपरीत हैं। इनपुट में डेटा कम्प्यूटर में डाला जाता है और आउटपुट से निकाला जाता

है। आउटपुट यूनिट में निम्न उपकरण आते है हैं :

(a) ग्राफ प्लॉटर, (b) लेज़र प्रिन्टर, (c) फ्लॉपी डिस्क, (d) चुम्बकीय टेप, (e) चुम्बकीय डिस्क, (f) माइक्रो फिल्म, (g) लाइन प्रिन्टर, एवं (h) ऑप्टिकल प्रिन्टर।

प्रिन्टर्स

प्रिन्टर कम्प्यूटर के आउटपुट यूनिट होते हैं। कम्प्यूटर की मेन मैमोरी से डेटा प्रिन्टर की मैमोरी तक पहुंचाता है और प्रिन्ट किया जाता है। प्रिन्टर डेटा को ग्राफ, पत्र, रिपोर्ट, आदि के रूप में प्रिन्ट कर सकते हैं।

कम्प्यूटर की मुख्य दो श्रेणियां हैं :

1. इम्पैक्ट प्रिन्टर, तथा
2. नॉन-इम्पैक्ट प्रिन्टर।

इम्पैक्ट प्रिन्टर में डॉट मैट्रिक्स प्रिन्टर, लाइन प्रिन्टर, डेजी व्हील, आदि प्रिन्टर आते हैं, जबकि नान-इम्पैक्ट प्रिन्टर में लेज़र प्रिन्टर, थर्मल मैट्रिक्स प्रिन्टर, इंक जैट प्रिन्टर, आदि आते हैं।

डॉट मैट्रिक्स प्रिन्टर

डॉट मैट्रिक्स प्रिन्टर काफी उपयोग में लाया जाने वाला प्रिन्टर है। यह प्रिन्टर कागज पर चिन्ह बिन्दु के रूप में अंकित करता है। इसमें हथोड़े की मदद से एक-एक करके चिन्ह अंकित होते हैं। आउटपुट बिन्दुओं के रूप में प्रकट होने के कारण ही इसका नाम डॉट मैट्रिक्स प्रिन्टर है।

निजी कम्प्यूटर के लिए यह बहुत उपयोगी प्रिन्टर है। इसकी स्पीड अधिक तथा कीमत कम होने के कारण यह अधिक प्रयोग में लाया जाता है। डॉट प्रिन्टर में पहली लाइन प्रिन्ट करने के लिए बाएं से दाएं की तरफ गति होती है और वापसी में दाएं से बाएं की तरफ आते हुए दूसरी लाइन प्रिन्ट होती है। कुछ प्रिन्टर लाइन ड्यूटी वाले होते हैं। वे

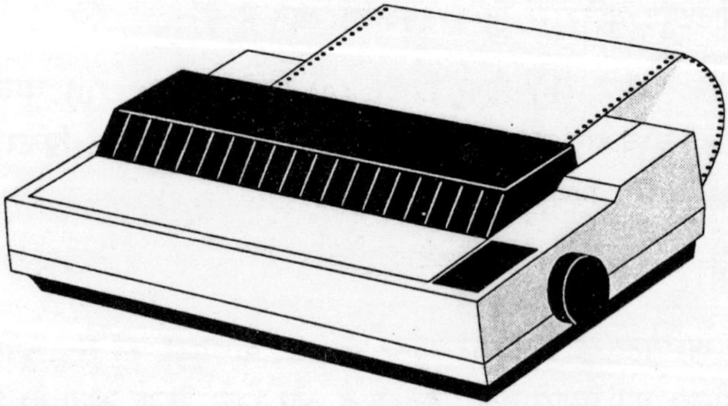

लगातार अधिक देर तक नहीं चलाए जा सकते। उन्हें बीच-बीच में विश्राम दिया जाता है।

डॉट मैट्रिक्स प्रिन्टर में बिंदु के रूप में चिन्ह प्रिन्ट करने की विशेषता होने के कारण इन्हें किसी भी भाषा, आदि के लिए तैयार किया जा सकता है।

लाइन प्रिन्टर

लाइन प्रिन्टर बहुत अधिक विस्तृत डेटा को प्रिन्ट करने के लिए उपयोग में लाए जाते हैं। शिक्षा बोर्ड में परीक्षार्थियों की अंक सूचियां, टेलीफोन बिल, बिजली-पानी के बिल इसी प्रिन्टर द्वारा बनाए जाते हैं। हथौड़ा, स्याही युक्त रिबन को दबाता है जिससे अक्षर/चिन्ह कागज पर छप जाता है। इनकी स्पीड बहुत अधिक होती है ये एक मिनट में 300 से 2500 लाइनें प्रिन्ट करने की अद्‌भुत क्षमता रखते हैं। लाइन की चौड़ाई 15 इंच हो सकती है तथा इस लाइन में 96 से 160 चिन्ह हो सकते हैं।

लाइन प्रिन्टर के अन्तर्गत ड्रम प्रिन्टर तथा चेन प्रिन्टर आते हैं।

चेन प्रिन्टर में एक स्टील की पट्‌टी पर चिन्हों के सैट लगे होते हैं। यह पट्‌टी बड़ी तीव्रता से घूमती है। इसके घूमते ही हथौड़ा कागज पर पड़ता है तथा प्रिन्टर की मैमोरी की सहायता से प्रिन्ट करना शुरू कर देता है।

लाइन प्रिन्टर अधिक देर तक कार्य कर सकते हैं परन्तु आउटपुट की

क्वालिटी उत्तम स्तर की नहीं होती। अत्यधिक डेटा लगातार प्रिन्ट करने की क्षमता होने के कारण ये अधिक उपयोग में लाए जाते हैं।

डेजी व्हील प्रिन्टर

इस प्रिन्टर में धातु या प्लास्टिक की एक चक्रिका होती है। इसकी नोका पर 96 चिन्ह होते हैं। जब चक्रिय घूमती है तो, जो वांछित चिन्ह छपना होता है, हथौड़ा उसे धकेलता है तब वह चिन्ह छप जाता है। इनकी प्रिन्ट करने की क्षमता अधिक नहीं होती। डॉट मैट्रिक्स प्रिन्टर की अपेक्षा ये बहुत धीमे होते हैं। परन्तु छपाई इनमें उत्तम किस्म की होती है। अतः जहां बढ़िया छपाई चाहिए वहां इस तरह के प्रिन्टर को इस्तेमाल में लाया जाता है।

लेज़र प्रिन्टर

लेज़र प्रिन्टर आधुनिक तकनीक का परिणाम है। ये अत्यन्त तीव्र होते हैं। इसमें लेज़र और फोटोकॉपी की तकनीक का इस्तेमाल होता है। इसमें एक ड्रम होता है तथा कम्प्यूटर लेज़र की सहायता से संकेत ड्रम पर फैंकता है। यह ड्रम घूमना शुरू कर देता है तथा कागज पर आउटपुट छपना आरम्भ हो जाता है। लेज़र प्रिन्टर में आउटपुट की क्वालिटी बहुत बढ़िया होती है यह एक मिनट में 300 से अधिक पृष्ठ प्रिन्ट कर सकता है। जो पुस्तक आपके हाथ में हे वह उसे 1 मिनट से भी कम समय में प्रिन्ट कर सकता है। ये महंगे बहुत होते हैं परन्तु हाल ही में सस्ते लेजर प्रिन्टरों का भी विकास किया गया है। प्रिन्टर प्रति मिनट 10 पृष्ठ प्रिन्ट करने में सक्षम हैं। इसी प्रकार बहु-रंगी लेज़र प्रिन्टर भी आ गए हैं जो कि रंगीन चित्र/डेटा बना सकते हैं। लेज़र प्रिन्टर की दुनिया में जापानी कम्पनी एच.पी. **(HP)** शिखर पर है। एच.पी. ने लगभग 50-60 मॉडल के ऑफिशीयल तथा हैवी ड्यूटी प्रिन्टर निकाले है। मुख्य एच. पी. मॉडल प्रिन्टर निम्न हैं-

HPLaser Jet 4 PLUS

HP 6L

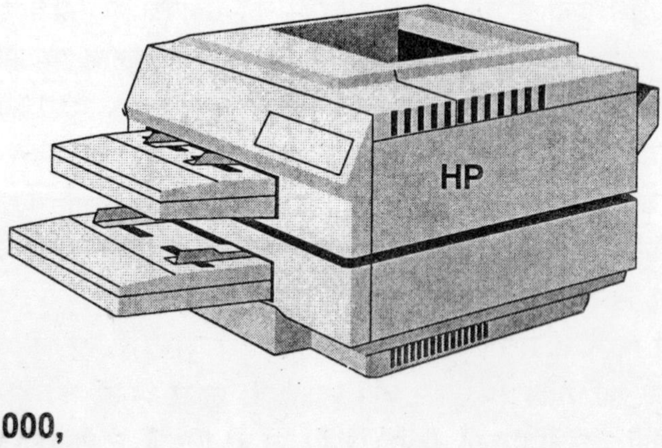

HP 1000,

HP 1000M

थर्मल मैट्रिक्स प्रिन्टर

इनके लिए विशेष कागज की आवश्यकता होती है। इसमें प्रिन्ट तारें होती हैं जब विद्युत धारा इसमें से गुजारा जाता है तो गर्म होकर ये विशेष रिबन

की सहायता से विशेष कागज पर प्रिन्ट छोड़ती हैं। ये प्रिन्ट धीमे होते हैं। विशेष प्रकार के कागज तथा रिबन के कारण इनसे प्रिंटिग पर खर्च भी अधिक आता है।

इंक जैट प्रिन्टर

ये नवीन प्रकार के नॉन-इम्पैक्ट प्रिन्टर हैं। इस प्रिन्टर में स्याही की बूंदें कागज पर चिन्ह के रूप में प्रिन्ट हो जाती हैं। इस प्रिन्टर का प्रिन्ट भी बढ़िया किस्म का होता है। बहुरंगी प्रिन्ट भी इस प्रिन्टर द्वारा तैयार किया जा सकता है। इसमें प्रिन्ट बिना किसी आवाज के निकलता है। ये प्रिन्टर धीमी गति से कार्य करते हैं।

प्लॉटर्स

प्लॉटर आउटपुट उपकरणों के रूप में प्रयुक्त किए जाते हैं। विभिन्न प्रकार के चित्र, रेखाचित्र, सारणियां, प्लॉटर्स की मदद से सुगमतापूर्वक बनाए जा सकते हैं। नीचे कुछ प्लॉटर्स का विवरण प्रस्तुत है।

ग्राफ प्लॉटर

प्लॉटर आउटपुट उपकरण होतें हैं जो ग्राफ तथा चित्र, आदि बनाने में प्रयुक्त होते हैं। ग्राफ और चित्र संपूर्ण डेटा को एक नजर में समझने के लिए बड़े सहायक होते हैं। प्लाटर मुख्यत: दो प्रकार के होते हैं :

- फ्लैट बैड प्लॉटर, एवं
- ड्रम प्लॉटर।

(A) फ्लैट बैड प्लॉटर

यह ग्राफ प्लॉटर हल्के पैन की सहायता से कागज पर ग्राफ अंकित करता है। पैन कई रंगों के होते हैं ताकि ग्राफ विभिन्न रंगों का बने। पैन लम्बवत् दिशा में बैड के इर्द-गिर्द घूमते हुए ग्राफ का चित्रण करता है। ग्राफ का आकार बैड के आकार पर निर्भर करता है। यदि बैड का आकार छोटा है तो ग्राफ छोटा बनेगा। पैन को पैन-होल्डर द्वारा कन्ट्रोल

किया जाता है। रंगीन ग्राफ बनाने के लिए 8-10 रंग के हल्के पैनों का प्रयोग किया जाता है। ग्राफ की आकृति 20 फुट तक की भी हो सकती है।

(B) ड्रम प्लॉटर

नाम से ही प्रतीत है कि ड्रम प्लॉटर में ड्रम होता है। यह ड्रम बेलनाकर होता है। ड्रम पर प्लॉटिंग पेपर लगा दिया जाता है। यह ड्रम आगे-पीछे होने में सक्षम होता है। कम्प्यूटर की मैमोरी से प्रिंट होने वाले ग्राफ के संकेत प्रिन्टर के स्टोरेज यूनिट में पहुंचते हैं। ड्रम घूमना शुरू करता है और कागज पर ग्राफ बन जाता है। ड्रम प्लॉटर अपेक्षाकृत अधिक महंगे पड़ते हैं अतः कम प्रयोग में लाए जाते हैं। फ्लॉटर का प्रयोग अधिक होता है।

कुछ महत्त्वपूर्ण तथ्य

- 7×5 डाट मैट्रिकटस प्रिन्ट का अर्थ है कि अधिकतम लम्बवत् ऊँचाई 7 डाट तथा क्षैतिज लम्बाई 5 डाट।

- एक ही प्रकार के डेजी व्हील प्रिन्टर पर अमेरिकन कम्पनी 450 शब्द प्रति मिनट तथा इंग्लैण्ड की कम्पनी 540 शब्द प्रति मिनट अंकित करती है क्योंकि अमेरिकन शब्द में 6 चिन्ह होते हैं जब कि ब्रिटिश शब्द में 5 चिन्ह होते हें।

- प्रिन्टर की गति CPS, WPM या LPM में लिखी जाती है।

दोनों की गति बराबर होती है।

$450 \times 6 = 2,700$ चिन्ह प्रति मिनट

$540 \times 5 = 2,700$ चिन्ह प्रति मिनट

कम्प्यूटर सॉफ्टवेयर

सॉफ्टवेयर

कम्प्यूटर एक बन्द बॉक्स की भांति है जिसमें विद्युत परिपथ तथा विद्युत-पुर्जे होते है। यह स्वतः कार्य नहीं कर सकता। इससे वांछित क्रिया-कलाप करने के लिए आदेशों की आवश्यकता होती है। आदेशों का यह समूह जो वांछित क्रिया-कलाप करने में सहायता करता है, सॉफ्टवेयर कहलाता है।

कम्प्यूटर सॉफ्टवेयर को मुख्यतः चार भागों में बांटा जा सकता हैं:-

- आपरेटिंग सिस्टम साफ्टवेयर
- यूटिलीटी प्रोग्राम
- लैंगुएज प्रोसैसर
- ऐप्लीकेशन प्रोग्राम

आपरेटिंग सिस्टम सॉफ्टवेयर

कम्प्यूटर के ऑन करते ही आपरेटिंग सिस्टम साफ्टवेयर का कार्य आरम्भ हो जाता है। इसका प्रमुख कार्य कम्प्यूटर के अन्य अवयवों (हार्डवेयर) पर संपूर्ण नियन्त्रण रखना है। यह प्रयोगकर्ता तथा हार्डवेयर के बीच सेतु का कार्य करता है और इसी सिस्टम के कारण कम्प्यूटर में अनोखी क्षमताएँ विद्यमान होती है।

यूटिलीटी प्रोग्राम

यह प्रोग्राम कम्प्यूटर निर्माता द्वारा पहले से तैयार किए जाते हैं और सिस्टम में डाल दिए जाते हैं। इनका प्रयोग डेटा बेस मैनेजमैंट सिस्टम में किया जााता है तथा प्रिन्टेड आउटपुट भी इनकी सहायता से निकल जाता है। प्रोग्रामों का कार्य, कम्प्यूटर का प्रयोगकर्त्ता के लिए आसान

बनाना है। डी.बी.एम.एस. के बारे में हम आगे विस्तार से पढ़ेंगे।

भाषा प्रोसैसर

इस सॉफ्टवेयर का कार्य प्रयोगकर्ता द्वारा लिखे गए संकेतों/ प्रोग्रामों का अनुवाद करना है। यह अनुवाद मशीन-कोड में किया जाता है।

बिना इस सॉफ्टवेयर के कम्प्यूटर मशीन कार्य नहीं कर सकती। कुछ कम्प्यूटर निम्न स्तरीय भाषाएँ ही समझ सकते हैं। आजकल कई उच्च स्तरीय भाषाएँ आ गई हैं जो भाषा अनुवादकों द्वारा सरल कर दी जाती है।

ऐप्लीकेशन प्रोग्राम

यह प्रोग्राम रचना में भिन्न होते हैं तथा विशेष कार्य के लिए बनाए जाते हैं। ये प्रोग्राम कम्प्यूटर के लिए विशेष तरह से तैयार किए जाते हैं। ऐप्लीकेशन प्रोग्राम ऑपरेटिंग सिस्टम के साथ सीधे सम्बन्धित होते हैं।

मानव साधन

वे व्यक्ति जो कम्प्यूटर तथा इसके उपकरणों के साथ विभिन्न कार्य करते हैं कहलाते हैं। मानव-साधन के निम्नलिखित अंग हैं।

- हार्डवेयर इंजीनियर
- सॉफ्टवेयर इंजीनियर
- सिस्टम व्याख्याता
- कम्प्यूटर ऑपरेटर
- डेटा एन्ट्री ऑपरेटर

फर्मवेयर

फर्मवेयर का तात्पर्य कम्प्यूटर के भीतरी प्रोग्राम से है जो कम्प्यूटर को आदेश देता है। यह प्रोग्राम कम्प्यूटर की मेन मैमोरी में डाल दिया जाता

है तथा उसमें कोई परिवर्तन नहीं किया जा सकता।

ROM को फर्मवेयर भी कहते हैं

कम्प्यूटर के लिए सॉफ्टवेयर की आवश्यकता

बिना ड्राइवर के चल रही किसी कार की कल्पना करिए-बिना ड्राइवर के कार चलाना असम्भव है। ठीक उसी प्रकार बिना सॉफ्टवेयर के कम्प्यूटर का कार्य करना भी असम्भव है।

सॉफ्टवेयर की सहायता से कार्य करना आसान होता है। सॉफ्टवेयर से डेटा-प्रोसैसिंग सही ढंग से होती है।

संपुटित और अनुकूलित सॉफ्टवेयर में अन्तर

सॉफ्टवेयर का कार्य कम्प्यूटर को उचित निर्देश प्रदान करना है अत: सॉफ्टवेयर कम्प्यूटर एक अभिन्न अंग है। निर्माण की दृष्टि से सॉफ्टवेयर दो प्रकार की होती है।

(A) संपुटित सॉफ्टवेयर (B) अनुकूलित सॉफ्टवेयर। इनमें परस्पर भेद भी होते हैं।

संपुटित सॉफ्टवेयर

(क) संपुटित साफ्टवेयर का प्रयोग विस्तृत स्तर पर किया जाता सकता है।

(ख) प्रयोगकर्त्ता को कोड नहीं दिए जाते।

(ग) संपुटित सॉफ्टवेयर को पहले ही टैस्ट कर लिया जाता है।

(घ) संपुटित सॉफ्टवेयर सस्ती पड़ती है।

(ड.) इस सॉफ्टवेयर को तत्काल ही प्रयोग में लाया जाता है।

अनुकूलित सॉफ्टवेयर

(क) यह सॉफ्टवेयर किसी विशेष उपयोग के लिए तैयार की जाती है।

(ख) इसमें प्रयोगकर्ता को कोड दिए जाते हैं ताकि डेटा का रख-रखाव किया जा सके।

(ग) अनुकूल सॉफ्टवेयर को विकास के पश्चात् ही जांचा जाता है।

(घ) अनुकूलित साफ्टवेयर महंगी पड़ती है।

(ड.) सिस्टम के अध्ययन, टैस्ट के पश्चात् ही इसे प्रयोग में लाया जाता है।

सॉफ्टवेयर अनुप्रयोग के क्षेत्र

सॉफ्टवेयर कम्प्यूटर हेतु एक अनिवार्य अंग है जिसके बिना कम्प्यूटर मात्र पुर्जों से युक्त एक डिब्बे की भांति है। उचित साफ्टवेयर के प्रयोग के बिना कम्प्यूटर से यथोचित कार्य नहीं लिए जा सकते।

सॉफ्टवेयर प्रयोग का क्षेत्र बड़ा विस्तृत है। विभिन्न व्यवसायिक संस्थानों, कार्यालयों, संस्थाओं आदि में विभिन्न प्रकार के साफ्टवेयर का उपयोग होता है।

सॉफ्टवेयर अनुप्रयोग के प्रमुख क्षेत्रों का उल्लेख नीचे किया जा रहा है।

1. खाता संचालन में-डेबिट-क्रेडिट वाऊच्चर/सूचनाओं में, बैलेंस शीट तथा जनरल लैजर में

2. होटलों में-रिसैप्शन पर, बिल बनाने में

3. उद्योग में-कच्चे माल, तैयार माल की उपलब्धि, बिल बनाने में, गोदाम में उपलब्ध माल की स्थिति, खराब स्टाक की स्थिति, आयात/निर्यात किए जाने वाले स्टॉक की स्थिति

4. पुस्तकालयों में-कुल पुस्तकों की सूची, उपलब्ध पुस्तकें तथा जारी की गई पुस्तकें, पुस्तक-मूल्य, खोई हुई पुस्तकें तथा सदस्यों द्वारा वापस की गई पुस्तकें। आने वाले साप्ताहिक/पाक्षिक/मासिक पत्रिकाओं का विवरण, आदि रखने में।

5. हस्पतालों में रिसेशन काउंटर पर, आने-जाने वाले रोगियों की सूची, रोगी-दाखिल उपलब्ध दवाइयाँ, उपलब्ध डॉक्टर तथा उनको ड्यूटी, बिल/फीस आदि।

6. रेलवे, हवाई अड्डों आदि पर टिकट रिजर्वेशन या कैंसिलेशन में। समय-सारिणी में।

7. बैंकों में स्वचालित टैलर मशीनों तथा लैजर पोस्टिंग मशीनों में। शाखा व्यवस्था में-बचत खाता काउंटर, कैश काउंटर, कैश क्रेडिट काउंटर आदि पर।

सॉफ्टवेयर विकास के चरण

कम्प्यूटर के भली प्रकार से कार्य करने के लिए विकसित सॉफ्टवेयर का होना अत्यन्त आवश्यक है। किस सिस्टम के लिए कौन-सी सॉफ्टवेयर उपयोगी होगी इसका ज्ञान होना आवश्यक है। कम्प्यूटर सिस्टम का सही ढंग से उपयोग करने के लिए उसके बारे में सॉफ्टवेयर विकास के निम्नलिखित चरण हैं :-

1. प्रोग्राम जांच

2. प्रोग्राम तैयारी

3. सिस्टम जांच

4. सिस्टम लगाना

5. सिस्टम रख-रखाव

6. प्राब्लम को परिभाषित करना

7. सिस्टम जानकारी

8. सिस्टम डिजाइन

• सिस्टम डिजाइन में इस बात को सुनिश्चित किया जाता है कि सिस्टम अच्छा तथा कम खर्चीला हो तथा प्रयोगकर्ता को अधिकतम

जानकारी दे सके।

• प्रोग्राम जांच चरण में सिस्टम द्वारा आवश्यक इनपुंट, आउटपुट, स्टोरेज उपकरण आदि को सुनिश्चित किया जा सकता है।

• उपर्युक्त चरण के बाद प्रोग्रामर द्वारा प्रोग्राम की तैयारी की जाती है। प्रोग्राम इस प्रकार तैयार किया जाता है कि वह पूरा फाइल ब्यौरा प्रदान करता है।

• प्रोग्राम तैयारी के पश्चात् सिस्टम की सामान्य तथा विशेष परिस्थितियों में जांच की जाती है कि उसमें किन्हीं परिस्थितियों में दोष तो उत्पन्न नहीं होगा?

• सिस्टम जांच के पश्चात् उसमें सॉफ्टवेयर की जांच की जाती है। तत्पश्चात् सिस्टम को कुछ समय के लिए प्रयोग किया जाता है।

• सिस्टम रख-रखाव अंतिम चरण है तथा इसको उपयोगी बनाए रखने के लिए इसकी भली-भांति देखभाल आवश्यक है।

• सर्वप्रथम चरण किसी विशेष कार्य को स्पष्ट करना तथा उसे परिभाषित करना होता है।

• जब किया जाने वाला कार्य स्पष्ट हो जाता है उसके बारे में सभी उपलब्ध जानकारी उपलब्ध हो चुकी होती है तब सिस्टम के बारे में जानकारी लेना आवश्यक होता है कम्प्यूटर के तकनीकी, आर्थिक पहलुओं पर ध्यान देना भी आवश्यक होता है।

5

कम्प्यूटर की विभिन्न विधियाँ एवं उनके प्रयोग

कम्प्यूटरों के मुख्य कार्य :- सूचना संग्रहण, सूचना परिष्कारण, सूचना सुरक्षा तथा सूचना उपलब्धि कहे जा सकते है। इसी कारण कम्प्यूटर जगत को सूचना तर्कशास्त्रीय जगत कहा जाता है। मूल सूचनाएँ मनुष्यों द्वारा ही कम्प्यूटरों को प्रदान की जाती हैं। ये दो प्रकार की होती है-

1. कम्प्यूटर की कार्यविधियाँ अथवा प्रोग्राम, तथा।

2. कम्प्यूटर द्वारा परिष्कारण हेतु डेटा अथवा धृति।

कम्प्यूटर में ये सभी सूचनाएँ संचिकाओं के रूप में संग्रहित होती हैं जो मूल रूप में अथवा परिष्कारित रूप में हो सकती हैं। कम्प्यूटर परिचारक कम्प्यूटर को सूचना प्रदान करने हेतु किसी न किसी कम्प्यूटर प्रोग्राम का आश्रय लेना आवश्यक होता है। जैसे कम्प्यूटर को भाषा एवं उपादयन प्रोग्राम प्रदान करने के लिये परिचारण प्रणाली का आश्रय आवश्यक होता है। इसी प्रकार कम्प्यूटर को डेटा प्रदान करने के लिए किसी उपादयन प्रोग्राम अथवा प्रोग्राम का सहारा लिया जाता है। कम्प्यूटर को कार्यविधि निर्देश प्रोग्रमों द्वारा दिये जाते हैं। इन प्रोग्रामों को कम्प्यूटर को प्रदान करने की परिष्कृति को प्रोग्राम अथवा इन्स्टालेशन कहा जाता है। कुछ प्रोग्राम इस परिष्कृति को सैटअप भी कहते हैं। प्रोग्राम संस्थापन के प्रावधान

प्रोग्राम में ही सम्मिलित होते है।

धृति द्विंक अथवा डेटा बिट

चुम्बकीय चकतियों के तलों पर वृत्ताकार पथों के बिन्दुओं पर बिटों को अंकित किया जाता है। इसके कई तरीके हैं। सरलतम तरीके में बिट-1 को अंकित करने के लियें बिन्दु को चुम्बकित कर दिया जाता है तथा बिट-0 अंकितट करने के लिए बिन्दु को बिना चुम्बकन के ही रहने दिया जाता है। चकतियों पर इस प्रकार अंकित सूचना बिटें तक यथावत् बनी रहती हैं जब तक कि इन्हें परिवर्तित नहीं किया जाता। इन बिन्दुओं के चुम्बकन को ज्ञात करके चकती पर अंकित सूचनाओं को प्राप्त किया जा सकता है। चकती पथों पर सूचनाओं के अनुसार बिन्दुओं को चुम्बकित करने तथा अंकित सूचना को प्राप्त करने के लिये बिन्दुओं के चुम्बकन को ज्ञात करने के कार्यों को चकती संचाली में लगे पठन-लेखन शीर्षों द्वारा किये जाते हैं। चकतियों पर सूचना अंकन का लाभ यह है कि चकती के किसी भी बिन्दु पर सूचना को अंकित किया जा सकता है अथवा वहां अंकित सूचना को ज्ञात किया जा सकता है क्योंकि पूरा चकती तल पठन-लेखन शीर्ष के लिए खुला होता है।

संचिकाएँ तथा निदेशिकाएँ

कम्प्यूटर में सूचनाओं तथा प्रोग्रामों को संचिका अथवा फाइलों के रूप में संग्रहित किया जाता है। प्रत्येक संचिका परस्पर सम्बद्धित सूचनाओं का संग्रह होती है। प्रत्येक संचिका को एक विशिष्ट नाम दिया जाता है जिससे सूचना को पुन: प्राप्त करने में सुविधा होती है। एक संचिका का आकार एक अक्षर से लेकर कई सौ पृष्ठों तक हो सकता है। जिस प्रकार प्रत्येक संचिका परस्पर सम्बन्धित सूचनाओं का समूह होती है उसी प्रकार परस्पर सम्बन्धित संचिकाओं के समूह को निदेशिका अथवा डाइरेक्टरी कहा जाता है। डाइरेक्टरी में संचिकाओं के साथ सबडाइरेक्टरी अथवा उपनिदेशिकाएँ भी हो सकती है। उपनिदेशिकाएँ भी निदेशिकाओं की तरह ही संचिकाओं एवं उपनिदेशिकाओं का समूह होती है। चकतियों

पर संचिकाओं, उपनिदेशिकाओं तथा निदेशिकाओं का संग्रह किया जाता है। प्रत्येक चकती के नाम को ही उस चकती की मूल निदेशिका कहा जाता है।

संचिकाओं की तरह ही प्रत्येक निदेशिका तथा उपनिदेशिका को भी एक विशिष्ट नाम दिया जाता है। संचिका, उपनिदेशिका तथा निदेशिका नाम के दो भाग हो सकते है। दोनों भागों को एक बिन्दु से प्रथक किया जाता है। बिन्दु से पूर्व के भाग संचिकानाम तथा बाद के भाग को उपनाम अथवा एक्सटेंशन कहा जाता है। प्राय: संचिका नाम का उपयोग संचिका विशेष को दर्शाने के लिये तथा उपनाम का उपयोग संचिका वर्ग दर्शाने के लिए किया जाता है। इस प्रकार एक वर्ग का संचिकाओं के उपनाम एक जैसे हो जाते है जिससे संचिका नाम उपनाम को देखने से ही संचिका के प्रकार के बारे में ज्ञान हो जाता है। बहुत-से कम्प्यूटर प्रोग्राम अपने द्वारा निर्मित सभी संचिकाओं के उपनाम एक समान रखते हैं। इससे संचिका की पहचान सरल हो जाती है। किसी भी संचिका, निदेशिका अथवा उपनिदेशिका के लिए एक्सटेंशन का होना अनिवार्य नहीं होता किन्तु नाम का होना अनिवार्य होता है। विभिन्न प्रोग्रामों के निदेशिका एवं संचिका नामकरण नियम भिन्न हो सकते हैं तथापि अधिकतर प्रोग्राम एम एस डॉस के नियमों को ही अपनाते हैं, जो इस प्रकार है:-

डॉस संचिका व निदेशिका नाम

1. नाम में अधिकतम 8 अक्षर तथा उपनाम में अधिकतम 3 अक्षर हो सकते हैं। नाम तथा उपनाम के मध्य में एक बिन्दु का उपयोग किया जाता है, यथा नाम.उपनाम।

2. नाम तथा उपनाम के मध्य में कोई रिक्त स्थान नहीं होना चाहिएं।

3. नाम तथा उपनाम में आँग्ली के ए से जैड तक छोटे अथवा बड़े अक्षर, शून्य से नौ तक के अंक, तथा डॉलर, प्रतिशत, डैश, कोष्ठक

आदि चिन्ह उपयोग किये जा सकते हैं, किन्तु आँग्ली के पूर्ण विराम, कौमा, प्रश्नवाचक, तिरक्षी-रेख, कोलन, सेमीकोलन, बराबर, धन चिन्हों का उपयोग वर्जित है।

4. एक निदेशिका अथवा उपनिदेशिका में दो संचिकाओं के नाम एक जैसे नहीं हो सकते किन्तु भिन्न निदेशिकाओं अथवा उपनिदेशिकाओं में दो संचिकाओं के नाम एक समान हो सकते है।

5. जब अनेक संचिकाओं के नामों में कुछ एक जैसा हो तो इस प्रकार की सभी संचिकाओं को सामूहिक रूप से पुकारा जा सकता हैं। इसके लिए डॉस में विशेष प्रावधान है जिसे वाइल्ड कैरेक्टर अथवा किमपि अक्षर कहा जाता है। इस उपयोग में दो अक्षरों का उपयोग किया जाता है-

अक्षर	नाम	प्रयोजन
*	एस्टैरिस्क अथवा सितारा कथन मार्क अथवा प्रश्नचिन्ह कोई भी एक अक्षर	कोई भी, कितने भी अक्षर?

उदाहरण के लिए मान लीजियें कि तीन संचिकाओं के नाम ये हैं-

Secschpem.Doc

Secsrpf.cdr8

KSK.cdr10

इनमें कुछ अक्षर प्रथम दो में एक समान हैं किन्तु तृतीय से भिन्न है, अन्तिम दो में भी उपनामों में कुछ साम्य हैं किन्तु प्रथम से भिन्न हैं, प्रथम तथा तृतीय के उपनामों में भी कुछ वर्णों का साम्य है जो द्वितीय से भिन्न हैं। साथ ही तीनों संचिका नामों में भी कुछ अक्षर एक समान है। इन समानताओं तथा भिन्नताओं के आधार पर हम इनमें से संचिकाओं को चुन सकते है। मान लीजियें कि हमें केवल प्रथम संचिका को चुना

है तो इसे हम इसके पूरे नाम से चुन सकते हैं। इसके अतिरिक्त इसे चुनने के लिये हम किमपि अक्षरों के उपयोग से और भी अधिक सरलता से चुन सकते हैं। यदि हम संचिका नाम केवल *.Doc कहें तो इसका अर्थ भी प्रथम संचिका ही होगा क्योंकि .Doc उपनाम केवल प्रथम संचिका का है। इस संचिका को हम Se*.* आदि के नामों से भी चुन सकते हैं। इसी प्रकार यदि हम केवल द्वितीय संचिका को चुनना चाहें तो हम इसें *.cdr8, S*.* आदि अनके नामों से चुन सकते हैं। इसी प्रकार तृतीय संचिका को *.cdr10, *.* आदि के अनेक नामों से चुन सकते है। इन चुनावों का सिद्धान्त यह है कि संचिका नाम में जो कुछ ऐसा हो जो अन्यों में न जो तो इसे नाम में रखते हुए शेष के लियें किमपि अक्षरों का उपयोग किया जा सकता है।

अब यदि हम उपरोक्त संचिकाओं में से केवल प्रथम दो को चुनना चाहें तो हमें इनके नामों में से ऐसे तत्त्व खोजने होंगे जो तृतीय संचिका नाम में न हों। इन दोनों नामों में CP अक्षर समूह है जो तीसरे नाम में नहीं हैं। अतः हम प्रथम दो के लिए एक नाम *CP.* का उपयोग कर सकते हैं। इसी प्रकार अन्तिम दो के लिए *.cd? तथा प्रथम तथा तृतीय के लिय *.??m नामों का उपयोग कर सकते हैं। यदि हम तीनों संचिकाओं के चुनाव के लिये एक नाम देना चाहें तो हम ** अथवा *.S.* का उपयोग कर सकते हैं।

संचिका पथ

संचिकाएँ सुरक्षा के लिये चकतियों पर अंकित होती हैं। प्रत्येक संचिका को चकती पर खोजने के मार्ग को पथ अथवा पाथ कहते हैं। संचिका पथ चकती वृक्ष पर चकती के नाम से प्रारम्भ होकर निर्देशिका, उपनिदेशिका, आदि से होता हुआ अन्त में संचिका नाम पर समाप्त होता है।

डेटा पद्यतियाँ

प्रविष्टि एवं सुरक्षण

कम्प्यूटर को डेटा आदि प्रदान करने की परिष्कृति को डेटा प्रविष्टि अथवा एण्ट्री कहा जाता है। डेटा प्रविष्टि ने डेटा कम्प्यूटर की मुख्य स्मृति-रैम-पर अंकित होता हैं। डेटा एण्ट्री परिष्कृति की एक अति महत्त्वपूर्ण क्रिया सेव अथवा सुरक्षण होती है। प्रत्येक उपादयन तथा उपयोक्ता प्रोग्राम में यह अधिदेश अवश्य होता है। सेव अथवा सुरक्षण अधिदेश इस डेटा को मुख्य स्मृति से कम्प्यूटर की द्वितीक संग्रहण स्मृति अथवा सैकण्डरी स्टोरेज मैमोरी, अर्थात् चकतियों पर अंकित कर देता है। चकतियों पर अंकित होने के बाद सूचनाएँ स्थाई रूप से सुरक्षित हो जाती हैं।

जैसा कि पहले कहा जा चुका है प्रत्येक सूचना समूह एक संचिका के रूप में चकतियों पर अंकित होता हैं। अतः आवश्यकता पड़ने पर नामांकित संचिका को खोलकर पढ़ा जा सकता है, परिवर्तित किया जा सकता है, परिष्कारित करके अन्य संचिका में संग्रहित किया जा सकता है, अथवा मुद्रक द्वारा मुद्रित किया जा सकता है।

डेटा परिष्कारण

डेटा परिष्कारण परिष्कृति में समुचित अधिदेश पर सबसे पहले चकती से डेटा की प्रतिलिपि कम्प्यूटर की मुख्य स्मृति रैम पर अंकित की जाती हैं। यहाँ डेटा की परिष्कारित अथवा इसमें वांछित परिवर्तन किये जाते हैं। ये परिवर्तन आदि चकती पर अंकित डेटा में नहीं होते। इसके लिये प्रोग्राम को सुरक्षण अधिदेश देना आवश्यक होता हैं। इस अधिदेश पर स्मृति पर अंकित परिष्कारित डेटा चकती पर अंकित कर दिया जाता है।

अतः प्रत्येक डेटा परिष्कारण के अन्त में सुरक्षण अधिदेश का उपयोग आवश्यक होता है अन्यथा परिष्कारण स्थायी रूप से प्रभावी नहीं होता।

डेटा प्राप्ति

चकती पर अंकित डेटा की प्राप्ति के लिये प्रोग्राम को समुचित अधिदेश दिया जाता है। अधिकतर प्रोग्राम इसके लिये ओपेन फाइल अधिदेश का उपयोग करते हैं। इस अधिदेश पर प्रोग्राम चकती से डेटा प्राप्त कर रैम पर अंकित कर देता है जहां से यह मानीटर पर दर्शाया जाता हैं तथा मुद्रण अधिदेश पर मुद्रक को भेजा जाता है।

धृति संरचना

सभी प्रकार की सूचनाओं को अनवरत पाठ्य के रूप में प्रस्तुत किया जा सकता है किन्तु इससे उनमें से विशिष्ट प्रयोजन की सूचनायें खोजनें के लिये पूरे पाठ्य को अवक्षित्र करना आवश्यक होगा। वर्णानात्मक सूचनाओं को अंकित करने का तो यही एक माध्यम है जिसे शीर्षकों, उपशीर्षकों एवं परिच्छेदों के माध्यम से विभाजित कर दिया जाता हैं। इससे वांछित सूचना पाने के लिये पूरे वर्णन को अवक्षित्र करने की आवश्यकता नहीं होती। जब सूचनाओं की संख्या विशाल हो तथा प्रत्येक सूचना एक या कुछ शब्दों को ही हो, तब भी उपरोक्त परिष्कृति को ही विकसित रूप में उपादयित किया जाता हैं। इस विकसित स्वरूप को ही डेटा स्ट्रक्रर अथवा धृति संरचना कहा जाता है। कम्प्यूटरीकरण के उद्देश्य से धृति संरचना का अभीष्टीकरण कर दिया गया है। सूचना की प्रत्येक इकाई को एक धृति अर्थात डेटम कहा जाता है।

प्राय: प्रत्येक सार्थक सूचना अनेक धृतियों का समूह होती है। जैसे यदि हम कहें निपुण तो एक व्यक्ति का नाम है किन्तु सार्थक सूचना नहीं हैं, यह व्यक्ति की पहचान कराने में असमर्थ है क्योंकि यह उसकी पहचान का मार्ग नहीं दर्शाती। इस सूचना को एक धृति अर्थात् डेटम कहा जा सकता है। निपुण नामक व्यक्ति की पहचान हेतु उसकी आयु-22 वर्ष, वेशभूषा-श्याम, स्थान-कुएं के समीप, आदि सूचनाएँ प्रदान करके करा सकते हैं। इनके आधार पर व्यक्ति को व्यक्ति समूह में से पहचाना जा सकता हैं क्योंकि प्राय: सभी व्यक्तियों की सभी सूचनाएँ एक समान

नहीं होती। इस प्रकार के धृति समूह को एक रिकॉर्ड अथवा प्रतिसार कहा जाता हैं तथा प्रतिसारों के समूह को सूची अथवा लिस्ट, अथवा तालिका अथवा टेबिल कहा जाता हैं। यह प्रतिसार तब तक सार्थक नहीं होता जब तक कि इसके क्षेत्रों के नाम ज्ञान न हो। इसलिए सूची को क्षैतिज पंक्तियों तथा ऊर्ध्व स्तंभों में व्यवस्थित करके रखा जाता हैं तथा प्रत्येक स्तम्भ के शीर्ष पर क्षेत्र का नाम अंकित कर दिया जाता है। इससे प्रत्येक प्रतिसार के धृतियों का परिचय प्राप्त हो जाता है। प्रत्येक पंक्ति में एक प्रतिसार होता है तथा प्रत्येक स्तम्भ में प्रतिसारों के समकक्षी धृति रखे जाते हैं, जैसे कि अनेक व्यक्तियों की सूचनाएँ इस प्रकार सूचीकृत की जा सकती है- सूची के प्रत्येक स्तम्भ को एक क्षेत्र अथवा फील्ड कहा जाता है जिसे-एक विशिष्ट नाम दिया जाता है जो स्तम्भ में अंकित सूचनाओं का परिचायक होता है। इस क्षेत्र नाम को सूची की प्रथम पंक्ति में सम्बन्धित स्तम्भ के शीर्ष पर अंकित किया जाता है। यदि सूचना संग्रह अति विशाल है तो इसे एक ही सूची में अंकित करना असुविधाजनक हो सकता है। इसके लिये अभिलक्षित वस्तुओं को वर्गीकृत करके प्रत्येक वर्ग की पृथक सूची निर्मित की जाती हैं तथा प्रत्येक सूची को एक संचिका नाम से सुरक्षित किया जाता है जैसे व्यक्तियों को छात्र, श्रमिक, अध्यापक, व्यापारी आदि वर्गों में विभाजित किया जा सकता हैं। इससे दूसरा बड़ा लाभ यह है कि प्रत्येक वर्ग के सदस्यों की पहचान के लिये पृथक क्षेत्र निर्धारित किये जा सकते हैं जो वर्ग की विशिष्टताओं पर आधारित हों। इससे पहचान में सुविधा तथा क्षेत्रों की संख्या में कमी हो सकती है। विश्व की प्रत्येक सूचना का अर्थ संदिग्धता को समाप्त कर निश्चयता प्रदान करना होता है अतः कम्प्यूटरी डेटा में भी केवल उन्हीं क्षेत्रो को चुना जाता हैं तो अभिलक्ष्य को सुनिश्चित रूप से इंगित कर सकें।

उपरोक्त विवरण को संक्षेप में इस प्रकार कहा जा सकता है-संपूर्ण सूचनाओं को अभिलक्ष्यों के आधार पर वर्गीकरण करके प्रत्येक वर्ग की एक संचिका बनाई जाती है प्रत्येक संचिका अनेक पंक्तियों तथा स्तंभों

की तालिका होती हैं। प्रत्येक स्तम्भ का एक शीर्षक होता है जिसे डेटा का एक क्षेत्र कहते है। तालिका की प्रत्येक पंक्ति में एक विशेष अस्ति की वांछित सूचनाएँ होती हैं जिन्हें संयुक्त रूप से एक रिकॉर्ड अथवा प्रतिसार कहा जाता है। प्रत्येक प्रतिसार के क्षेत्रों में विभाजित होता है। प्रत्येक क्षेत्र में अस्तियों की समकक्षी सूचनाएँ होती है। इस प्रकार की डेटा संचिकाओं के निर्माण तथा उनकी सूचनाओं के परिष्कारण के लिये उपादयन प्रोग्राम उपलब्ध है जिनमें डीबेस, फोक्सप्रो तथा एक्सैस प्रमुख हैं। डीबेस तथा फॉक्सप्रो डॉस तथा विन्डोज आधारित दोनों प्रकार के परिष्कारणों में उपलब्ध हैं। जबकि एक्सैस केवल विण्डोज पर आधारित है।

उपादयन प्रोग्राम

कम्प्यूटर अपने समस्त कार्य प्रोग्रामों के माध्यम से तथा उन्हीं के कारण कर पाता है। इसके सी.पी.यू. के परिचालक, कुंजीपटल तथा मॉनीटर से सभी संपर्क प्रोग्रामों के माध्यम से ही होते हैं। अब हम कम्प्यूटर उपयोग में सबसे अधिक उपयोग किये जाने वाले उपादयन प्रोग्रामों के बारे में अध्ययन करेंगे।

व्यवसायिक रूप से उपलब्ध उन प्रचलित प्रोग्रामों को अविद्यान प्रोग्राम कहते है। जिनके माध्यम से कम्प्यूटर उपरोक्त कम्प्यूटर का अपने हित में उपयोग कर सकता हों। इस प्रकार का प्रत्येक प्रोग्राम किसी एक प्रमुख उद्देश्य, जैसे पाठ्य परिष्कारण, लेखांकन आदि के लिये निर्मित होता है। ये प्रोग्राम उपयोक्ता की सुविधाएँ प्रदान करते हुए उसका कम्प्यूटर हार्डवेयर तथा इसकी परिचारण प्रणाली से संपर्क कराता है। प्रत्येक उपादयन प्रोग्राम की दो प्रमुख विशिष्टयाँ होती है।

(क) आधारिक परिचारण प्रणाली

प्रत्येक उपायन प्रोग्राम किसी एक या अधिक परिचारण प्रणालियों पर आधारित होता है। अतः किसी कम्प्यूटर पर किसी उपादयन प्रोग्राम के

उपयोग के लिये यह आवश्यक है कि कम्प्यूटर उसकी आधारिक परिचारण प्रणाली से ही संयमित किया जा रहा हो। वैयक्तिक कम्प्यूटरों के लिए एम. एस. डॉस. तथा विण्डोज् सर्वाधिक प्रचलित प्रोग्राम हैं। एम. एस. डॉस. परिचारण प्रणाली है तथा विण्डोज् के प्रारम्भिक परिष्करण माध्यमिक प्रोग्राम कहे जाते हैं। क्योंकि ये डॉस तथा उपादयन प्रोग्रामों में मध्यस्थ का काम करते हैं। विण्डोज के आधुनिक परिष्करण-विण्डोज-95, विण्डोज-98 तथा विण्डोज-एन.टी. विण्डोज एक्स.पी.-स्वयं पर परिचारण प्रणालियाँ है। विण्डोज प्रोग्राम डॉस की तुलना में बहुत अधिक सुविधा संपन्न है इसलिए इस पर आधारित प्रोग्राम अधिक लोकप्रिय हैं।

प्रत्येक उपादयी प्रोग्राम किसी विशिष्ट उद्देश्य के लिए निर्मित होता है। जैसे लेखन के लिये वर्डस्टार, एम. एस. वर्ल्ड., पेजमेकर, आदि, लेखांकन के लिए टैली, एक्स फोक्सरो आदि, डेटा परिष्कारण के लिए डीबेस, एक्सैस आदि। कुछ उपादयन प्रोग्राम अपने मुख्य उद्देश्य के अतिरिक्त कुछ अन्य कार्यों का भी कर सकते है, किन्तु इन अन्य कार्यों में इनकी दक्षता प्राय: अच्छी नहीं रहती।

उपादयन प्रोग्राम कम्प्यूटर की परिचारण प्रणाली तथा परिचारक में मध्यस्थ का कार्य करते हैं। दूसरे शब्दों में, ये प्रोग्राम परिचारक के सामने कम्प्यूटर सुविधाओं को सुगम रूप में प्रस्तुत करते हैं ताकि वह उनका उपयोग सरलता से कर सके। कम्प्यूटर उपयोक्ता को अपने उद्देश्य तथा परिचारण प्रणाली के अनुसार ही उपादयन प्रोग्राम का चुनाव करना चाहिए।

परिचारणीय मार्ग-दर्शन

प्रोग्राम

उपादयन प्रोग्राम में कार्य करने के लिए कम्प्यूटर को बूट करके उस प्रोग्राम को चालू करे जिसमें कार्य करना हो। डेटा परिष्करण, लेखांकन एवं पाठ्य लेखन के लिए यह कार्य उपादयन प्रोग्राम अथवा उपयोक्ता

प्रोग्राम हो सकता है। प्रोग्रामिंग के लिए यह कोई भाषा प्रोग्राम होगा। प्रोग्राम चालू करने के लिए प्रोग्राम की निदेशिका से सम्पर्क आवश्यक हो सकता है।

संचिका

इसके बाद यह निर्धारित करें कि कार्य किसी नई संचिका में सुरक्षित करना है अथवा किसी पुरानी संचिका में कार्य को जारी रखता है। नई संचिका में एक नये नाम से सुरक्षित कर देना चाहिए। संचिका नाम कार्य की प्रकृति से मिलता जुलता हो ताकि याद रखने मे संचिका की पहचान करना सरल हो जाता है। जो प्रोग्राम अपना उपनाम प्रदान नहीं करते, उनकी संचिकाओं को परिचारक द्वारा एक जैसा ही कोई उपनाम निर्धारित करना चाहिए।

कार्य को छोटी-छोटी संचिकाओं में बाँट कर रखना लाभकर महत्त्व है जिससे कि संचिका में कोई दोष आने पर अधिक कार्य की हानि न हो। कार्य करते समय प्रत्येक 15-20 मिनट पर कार्य को सुरक्षित कर देना चाहिए।

कुंजी उपयोग

कम्प्यूटर उपयोग में कुंजियों के उपयोग का बहुत महत्त्व है। इस क्रिया को आगँली में कीस्ट्रोक अथवा कोंप्रेस तथा हिन्दी में कुंजी उपयोग कहते हैं। कुंजी उपयोग का अर्थ कुंजी को मात्र 30 मिली सैकण्ड लगभग तक दबाकर छोड़ देना है। अधिक समय तक दबाने से कुंजी प्रभाव बार-बार होता रहता है।

समापन

कार्य समाप्ति पर सबसे पहले संचिका बन्द करनी चाहिए, इसके बाद प्रोग्राम बन्द करना चाहिए। इसके बाद ही कम्प्यूटर का मुख्य स्विच बन्द किया जाना चाहिये। संचिका अथवा प्रोग्राम की खुली अवस्था में कम्प्यूटर बन्द करने से संचिका अथवा प्रोग्राम के भ्रष्ट होने का भय होता है।

6

प्रोग्रामिंग के महत्त्वपूर्ण तत्त्व

यदि किसी कार्य की क्रिया-उपक्रियाओं में विविधता न्यून हो, अर्थात् पुर्नरावृत्ति अधिक हो, तो इसे कम्प्यूटर मनुष्य की तुलना में अधिक अच्छे ढंग से कर सकता है। यदि संपूर्ण कार्य ही बार-बार किया जाना हो तो कम्प्यूटर से कार्य कराना और भी अधिक लाभप्रद रहता है। कम्प्यूटर से कार्य कराने के लिए उसे विस्तृत एवं क्रमबद्ध निर्देश देने होते हैं। एक सार्थक कर्म के लिए कम्प्यूटर को दिये गये निर्देशों को कम्प्यूटर का क प्रोग्राम अथवा प्रक्रम कहते है।

मान लीजिए आपको एक सरल कार्य अपने छोटे भाई से कराना है। इसके लिये आपको उसे बहुत संक्षिप्त निर्देंश देने होंगे और वह आपका मन्तव्य समझकर आपका काम कर देगा। यदि आपको यहां यही कार्य किसी अपरिचित बालक से कराना हो तो आपको उसे अधिक विस्तृत निर्देंश देने होते है, तभी वह आपका वही कार्य कर पाता हैं। निर्देंशकों का यह अन्तर इसलिये होता है क्योंकि आपका भाई आपकी शैली, व्यवहार एवं आचार-विचार से परिचित होने के कारण आपके संक्षिप्त निर्देंशों का विस्तार स्वयं कर लेता है। दूसरे बालक को आपको यही विस्तार प्रदान करना पड़ता है। कम्प्यूटरी भाषा में कहा जाएगा कि आपका छोटा भाई आपके लिए पहले से प्रोग्राम्ड अथवा प्रक्रमित है,

जबकि दूसरे बालक को आपने अब प्रक्रमित किया है।

कम्प्यूटर के प्रोग्राम बनाते समय यह ध्यान रखना होता है कि कम्प्यूटर आपके लिए शून्य स्तर पर प्रोग्रामित होता है, अत: आपको इस शत प्रतिशत् प्रोग्रामित करना होता है। वह आपके मन की बात बिल्कुल नहीं समझता, वह केवल वहीं समझता है जो उसे प्रोग्रामों के माध्यम से समझाया जाता हैं। अत: कम्प्यूटर को पहुँचने वाले प्रोग्राम बहुत अधिक विस्तार वाले होते हैं। विस्तार का कुछ भाषा प्रोग्राम भी करते है। भाषा का स्तर जितना अधिक ऊँचा होगा उतने ही संक्षिप्त प्रोग्राम आपको कम्प्यूटर को देने होंगे क्योंकि भाषा प्रोग्राम उनका अधिक विस्तार कर पायेंगे।

उच्चस्तरीय भाषाओं में प्रोग्राम लिखने का लाभ यह है कि प्रोग्रामर एक कथन में अपना मन्तव्य स्पष्ट करता है और भाषा प्रोग्राम उसे कम्प्यूटर के योग्य विस्तार प्रदान कर देता है। अर्थात् भाषा प्रोग्राम वही काम करता है जो आपके भाई के आपकी शैली एवं आचार-विचार से परिचित होने ने किया था। अत: कहा जा सकता है कि भाषा प्रोग्राम कम्प्यूटर को पहले से ही आपके संक्षित निर्देशों को समझने के लिए प्रोग्राम्ड़ करते हैं।

अभीष्ट प्रक्रम गुट

कम्प्यूटर प्रोग्रामों पर अनुसंशाधन से पाया गया है कि सभी प्रोग्रामों में केवल तीन प्रकार के कथन गुट होते हैं, केवल उनके क्रम बदलते रहते हैं। ये गुट इस प्रकार हैं–

1. क्रमित गुट-सीकैन्स्ड ब्लॉक

अनेक क्रियाओं का सुनिश्चित क्रम में एक के बाद एक होने से इस प्रकार का गुट बनता है।

2. निर्णय गुट-डिसीजन ब्लॉक

किसी दी गई दशा के परीक्षण पर उसका मान एक दिये मान के समान

पाये जाने पर एक अनुक्रिया तथा असमान पाये जाने पर अन्य अनुक्रिया होना, इस प्रकार के गुट के द्योतक हैं। इस प्रकार के गुट में यदि-तब-अन्यथा अथवा इफ-दैन-ऐल्स कथनों का उपयोग किया जाता है जैसे-

यदि सोहन की दशा = खेलना सत्य है, तब वह खेलता है, अन्यथा वह सो जाता है।

इस कथन में सोहन की दशा का परीक्षण होता है, यदि इसका मान खेलना पाया जाता है, तो एक अनुक्रिया खेलना करना होती है, तथा खेलना न पाये जाने पर अन्य अनुक्रिया सोना की जाती है। दूसरे शब्दों में, समदर्श-सोहन की दशा-खेलना-का परीक्षण होता है, सत्य पाये जाने पर एक क्रिया होती है।

3. पुनरावृतन गुट-रिइटरेशन ब्लॉक

इस गुट में परिष्कृति तब तक एक बार-बार होती रहती हैं जब तक कि एक दिया गया सम्बन्ध सत्य नहीं होता, वह पद्यति में प्रोग्राम में एक शब्द परिपथ बन जाता है जो इस प्रकार के गुट का द्योतक है। जैसे-किसी कक्षा के छात्रों की गिनती करने के लिए इस शास्त्र का उपयोग किया जा सकता हैं-

जब तक गिना गया क्षात्र-अन्तिम क्षात्र सम्बन्ध सत्य नहीं होता,
गिनती करते रहिए। इससे क्रियाओं से बने बन्द परिपथ को पाश कहा जाता हैं जिससे सभी छात्रों को गिनने तक क्रियाएँ बार-बार होती रहती हैं। इस प्रकार के पाश को जब तक-करते रहिये पाश अथवा व्हाइल-डू लूप कहा जाता है।

सॉफ्टवेयर, प्रोग्राम तथा मॉडयूल

कम्प्यूटर का उपयोग बड़े-बड़े कामों के लिए किया जाता है। इस कारण सॉफ्टवेयर भी बहुत बड़े-बड़े होते हैं। यदि किसी विशाल प्रणाली का एक ही प्रोग्राम बनाया जाए तो यह भी अधिक बड़ा होगा, इतना बड़ा

कि इसे समझना बहुत कठिन होगा। इसे सरल बनाने के लिए पूरे सूचना प्रणाली को परिष्कृतिओं के गुटों में विभाजित किया जाता है। इन गुटों को प्रोग्राम मॉडयूल कहते हैं। इसके बाद प्रत्येक प्रोग्राम मॉडयूल को पृथक-पृथक पद्यतियों के अनुसार उपगुटों में विभाजित किया जाता है। प्रत्येक उपगुट को एक पद्यति कहते हैं। इसके बाद प्रत्येक पद्यति का एक प्रोग्राम बना लिया जाता है। इन पद्यति प्रोग्रामों को जोड़कर मॉडयूल प्रोग्राम तथा मॉडयूल प्रोग्रामों को जोड़कर पूरे प्रणाली के लिए सॉफ्टवेयर तैयार किया जाता हैं। यह कार्य सामान्यतः दो भागों में किया जाता हैं किन्तु प्रणाली का आकार अति विशाल होने से ये स्तर और भी अधिक हो सकते है।

पहले पूरे प्रणाली को अलग-अलग ऐसे विभागों में बाँटा जाता है जिनके आपसी सम्बन्ध कुछ कम हों अर्थात् प्रत्येक एक सकल तथा स्वतन्त्र उपप्रणाली हो। उदाहरण के लिए एक विकल्प की सम्पूर्ण व्यवस्था के लिए यदि सॉफ्टवेयर विकसित करना हो तो इसके विभाग ये हो सकते हैं-

1. छात्र प्रवेश एवं शिक्षण,
2. अध्यापक उपयोग,
3. परीक्षा एवं परिणाम,
4. आय व्यय लेखांकन
5. क्रय एवं भण्डार

इस विभाजन का यह अर्थ नहीं है कि इन विभागों के परस्पर सम्बन्ध नहीं है। इसका अर्थ केवल यह है कि ये विभाग एक दूसरे से कुछ सूचनाओं का आदान-प्रदान करते रहकर भी स्वतन्त्र रूप से व्यवस्थित किये जा सकते है। इस प्रकार के प्रत्येक विभाग के सॉफ्टवेयर को एक प्रोग्राम मॉडयूल अथवा प्रक्रम सुखण्ड कहा जाता है।

विभाजन के दूसरे भाग में प्रत्येक प्रोग्राम मॉडयूल को फिर से बाँटा जाता है। इस बाँटने में कार्य पद्धतियों को आधार बनाया जाता है, अर्थात् विभाग के अन्तर्गत ऐसे कार्य खोजे जाते है जिनके लिए अलग-अलग

पद्धतियाँ अपनाई जाती हो। जैसे उपरोक्त छात्र प्रवेश एवं शिक्षण विभाग में ये पद्धतियाँ मानी जा सकती हैं-

1-क. प्रवेश आवेदन छँटाई एवं प्रवेश

1-ख. छात्र, कक्षाएँ एवं विषय विवरण

1-ग. कक्षावार शिक्षण समय तालिका

1-घ. विषय पाठ्यक्रम एवं मानसिक शिक्षण प्रगति

इसी प्रकार दूसरे प्रोग्राम की पद्धतियाँ हो सकती हैं-

2-क. अध्यापक कक्षा एवं विषय

2-ख. अध्यापक अध्यापन समय तालिका

2-ग. अध्यापक मासिक अध्यापन प्रगति

इसी प्रकार परीक्षा एवं परिणाम प्रोग्राम में ये विधियाँ हो सकती है-

3-क. प्रश्न-पत्र व्यवस्था

3-ख. परीक्षा समय तालिका एवं पर्यवेक्षण

3-ग. उत्तर-पुस्तिका मानांकन व्यवस्था

3-घ. परीक्षा परिणाम

इसी प्रकार अन्य प्रोग्रामों मॉडयूलों की भी पद्धतियाँ निर्धारित की जा सकती है। सॉफ्टवेयर के इस प्रकार विभाजन को सुखण्डन कहा जा सकता है।

संरचित प्रोग्रामों

इस प्रकार के सॉफ्टवेयर विभाजन को संरचना तलचित्र अर्थात् स्ट्रक्चर चार्ट के माध्यम से दर्शाया जाता है। संरचित प्रोग्रामों उन सूचनाओं को भी दिखाया जाता है जो विभिन्न प्रोग्रामों के बीच प्रवाहित होती हैं। जैसे क्षात्र प्रवेश एवं शिक्षा प्रोग्राम से कक्षावार क्षात्र सूची आय व्यय लेखांकन

प्रोग्राम को छात्रों से शुल्क प्राप्त करने के लिए भेजी जाती है। इसी प्रकार कक्षाएँ एवं विषय सूचना अध्यापक उपयोग प्रोग्राम मॉडयूल को भेजी जाती है ताकि अध्यापकों की समय-तालिका निर्धारित की जा सके। क्षात्रों की कक्षावार सूची परीक्षा विभाग को भी भेजी जाती है जो परीक्षा व्यवस्था के काम आती है।

प्रवाहतूचित्र अथवा फ्लोचार्ट

प्रोग्राम के निर्माण में सुविधा के लिए उसके द्वारा संपन की जाने वाली पद्धति को समझा जाना आवश्यक होता है। इसके लिए पद्धति को शास्तसंगत क्रियाओं तथा उपक्रियाओं में विभक्त करके उनके अन्तर्संबन्ध स्थापित किए जाते हैं। इस कार्य में पद्धति को प्रवाहतूचित्र के माध्यम से दर्शाया जाता है। प्रवाहतूचित्र निर्माण में दक्षता प्राप्त करने के लिए अभ्यास की आवश्यकता है। प्रवाहतूचित्र के बिना भी प्रोग्रामिंग संभव हैं, किन्तु लंबे व जटिल प्रोग्रामों में कठिनाई आती हैं ऐसे कार्यों के लिए प्रवाहतूलचित्र बनाने में समय लगता हैं उससे कही अधिक बचत प्रोग्रामिंग में हो जाती है।

एक मॉडयूल द्वारा किये जाने वाले कार्य के लिए संपूर्ण विधि अनेक पद्धतियाँ अथवा प्रोसीजन होते हैं। प्रत्येक पद्धति में अनेक कदम होते हैं। प्रत्येक कदम एक संपूर्ण सार्थक क्रिया होता है, जिसे परिष्कृति अथवा प्रोसैस कहा जाता हैं।

प्रवाहतूचलचित्रों के अभीष्टीकरण के उद्देश्य से परिष्कृतियों के लिए उनके प्रकार के अनुसार ही ज्यामितीय आकारों को चुना गया हैं, जिनमें से प्रमुख निम्नलिखित हैं-

1. आरम्भ परिष्कृति व अन्त परिष्कृति

कार्यक्रम का प्रारम्भ व अन्त दर्शाने के लिए लंबवृत्त का उपयोग किया जाता है। आकृति के अन्दर प्रारम्भ अथवा अन्त शब्द अंकित किया जाता है।

2. निर्णय परिष्कृति

प्रोग्राम में निर्णय क्रिया को दर्शाने के लिए हीराकार चतुर्भुज का उपयोग किया जाता है। इसका उन स्थानों पर उपयोग किया जाता है, जहाँ प्रोग्राम को दो उपलब्ध ऐक्ष्यों में से स्थिति के अनुसार एक सा चुनाव करना होता है। इस आकृति में उन स्थितियों अथवा प्रश्नों को अंकित किया जाता है जिनके उत्तर हाँ या न में हो। प्रोग्राम चतुर्भुज में प्रवेश करता है और उत्तर यदि हाँ हो तो एक कोने की दिशा की ओर अग्रसर होता है और उत्तर यदि न हो तो प्रोग्राम एक अन्य कोने की दिशा में जाता है।

3. सम्बद्धन परिष्कृति

जब कोई प्रोग्राम एक ही पृष्ठ अथवा श्रृँखला में न दर्शाया जा सके तो प्रोग्राम के सिरों पर एक वृत्त चिन्ह का उपयोग कर उसके अन्दर एक संख्या अंकित कर दी जाती है, जो प्रोग्राम खंडों के परस्पर सम्बन्ध को दर्शाती हैं अर्थात् एक श्रृंखला के अन्त में स्थित वृत्त के अन्दर लिखी संख्या दर्शाती है कि प्रोग्राम यहां से आगे इसी संख्या से अंकित दूसरे वृत्त से आगें चलेगा।

4. क्रमगत मान निर्धारग परिष्कृति

प्रोग्रामों में धृतियों की श्रृंखलाओं पर कार्य करने हेतु इनमें प्रयुक्त एक ही चर्य को क्रमशः एक-एक कर क्रमशः अनेक मान दिए जाते है। ऐसी परिष्कृति को एक घटकोण से दर्शाया जाता है।

5. अन्तर्पातन परिष्कृति व बहिर्पातन परिष्कृति

एक समालम्बित चतुर्भुज का उपयोग प्रोग्राम की उन क्रियाओं को दर्शाने हेतु किया जाता है। जिनके द्वारा प्रोग्राम को सूचनाएँ दी जाती है अथवा इससे सूचनाएँ ली जाती है। दी जाने वाली सूचनाओं को इनपुट तथा ली जाने वाली सूचनाओं को आउटपुट कहा जाता है। प्रोग्राम को दी जाने वाली सूचनाओं में डेटा आदि आते हैं तथा ली जाने वाली सूचनाओं में प्रोग्राम द्वारा उत्पन्न परिणाम आते हैं।

6. मान निर्धारण परिष्कृति

प्रोग्राम में प्रयुक्त घटकों को मान प्रदान करने के लिए एक आयत का उपयोग किया जाता है।

प्रोग्रामिंग भाषाएँ

कम्प्यूटर मूलत: केवल बानइरी भाषा समझते हैं, इसलिये बानइरी भाषा को मशीनी भाषा भी कहते है। जब प्रोग्राम मशीनी भाषा में लिखा जाता हैं तो माइक्रोप्रोसैसर उसे नीचे स्वीकार कर सकता है। किन्तु मशीनी भाषा में प्रोग्राम लिखना बहुत कठिन तथा विशेषज्ञों का कार्य है।

दूसरे प्रकार की भाषा को एसेम्बली लेंग्वेज अथवा अभियोजन भाषा कहते है। इसमें प्रोग्राम लिखना कुछ सरल है किन्तु इसके लिए कम्प्यूटर हार्डवेयर की कार्य-प्रणाली का ज्ञान होना आवश्यक है। अत: यह भी विशेषज्ञों का ही कार्य है। एसेम्बली भाषा में लिखे गए प्रोग्राम को कम्प्यूटर द्वारा उपयोग किए जाने के लिए इसे मशीनी भाषा में परिवर्तित करना आवश्यक होता है। इस कार्य के लिये भी विशेष भाषा प्रोग्रामों का उपयोग किया जाता हैं जिन्हें अभियोजक प्रक्रम अथवा एसेम्बलर प्रोग्राम कहते है।

तीसरे प्रकार की भाषाएँ, जो प्रोग्रामिंग के लिए सुविधाजनक एवं सर्वाधिक प्रचलन में हैं, को उच्चस्तरीय भाषाएँ अथवा हाईलेवल लेंग्वेज कहा जाता है। इन भाषाओं में बेसिक, सी, फोरट्रान, कोबोल, ऐडा, लिस्प आदि प्रमुख हैं। इन भाषाओं में लिखे गए प्रोग्रामों का उपयोग किया जाता है। जो इण्टप्रैंटर अथवा कम्पाइलर वर्गों के हो सकते है। इनमें से कम्पाइलर प्रोग्राम अधिक प्रचलित है। इसके अतिरिक्त कुछ विशेष भाषाएँ और भी विकसित हुई हैं जिन्हें चतुर्थ पीढ़ी की भाषाएँ अथवा फोर्थ जेनेरेशन लेंग्वेज-फोर.जी.एल. कहा जाता हैं। इन भाषाओं के प्रोग्राम अति संक्षिप्त होते है।

अत: प्रोग्रामिंग के लिये भाषा प्रोग्राम चुनने से पूर्व को इस भाषा का

चुनाव करना होता है जिसमें वह अपने प्रोग्राम लिखना चाहता हैं, इस अध्ययन में हम केवल उच्च स्तरीय भाषा प्रोग्रामों के बारे में चर्चा करेंगे क्योंकि इन भाषाओं में प्रोग्राम तैयार करना प्रोग्रामर के लिये सरलतम होता है।

भाषा प्रोग्राम

भाषा प्रोग्राम को लिखने के लिये सुविधाएँ प्रदान करते हैं तथा तैयार किये गये प्रोग्रामों को कम्प्यूटर के उपर्युक्त बनाते है। अतः प्रत्येक भाषा प्रोग्राम में अनिवार्य रूप से एक पाठ्य परिष्कारक अथवा संपादक होता है। इसके अतिरिक्त इनमें तैयार प्रोग्राम के परीक्षण तथा इसे मशीनी भाषा में संपरिवर्त्तत करने के लिये एक प्रोग्राम होता है। इनके अतिरिक्त कुछ अन्य सुविधाएँ भी इनमें हो सकती हैं। इन्हे नीचे तालिका में दर्शाया गया है।

अनिवार्य	भाष्यकार अथवा इण्टरप्रैटर, या
	सम्पादक अथवा कम्पाइलर
ऐच्छिक	डिबगर, लिंकर, लोडर

प्रोग्रामर द्वारा तैयार किये गये प्रोग्राम में भाषा द्वारा निर्धारित आँग्ली के शब्द ही होते है, इससे प्रोग्राम लेखन सरल होता है किन्तु कम्प्यूटर इनका सीधे उपयोग नहीं कर सकता। इस प्रोग्राम को स्रेत प्रोग्राम कहते है। इस प्रोग्राम की एक पंक्ति में एक ही अधिदेश होता हैं प्रत्येक पंक्ति को एक कथन अथवा स्टेटमेण्ट कहा जाता हैं।

कम्प्यूटर द्वारा उपयोग किये जाने के लिये इस प्रोग्राम को मशीनी भाषा अर्थात् बाइनरी अंकों में परिवर्तित करने की आवश्यकता होती है। इस कार्य को दो प्रकार से किया जा सकता हैं। एक विधि में प्रोग्राम के एक कथन को चुनकर उसे मशीनी भाषा में संपरिवर्तित करके इसका क्रियान्वित किया जाता है। इसके बाद अगले कथन पर यही परिष्कृति अपनाई जाती है। इस प्रकार पूरे प्रोग्राम का उपयोग किया जाता है। इस

परिष्कृति को प्रोग्राम का इण्टरप्रेटेशन अथवा भाषण कहा जाता है जो भाष्यकार प्रक्रम द्वारा संपन्न की जाती है। इस परिष्कृति में प्रोग्राम के प्रत्येक क्रियान्वयन हेतु स्रोत प्रोग्राम तथा भाष्यकार प्रोग्राम दोनों की आवश्यकता होती है।

दूसरी विधि, जिसे प्रोग्राम का कम्पाइलेशन अथवा सम्पादन कहते हैं, सम्पादन प्रोग्राम द्वारा सम्पन्न की जाती है। इसमें पूरे स्रोत्र प्रोग्राम को एक साथ ही बानइरी कूट में संपरिवर्तित कर दिया जाता है। प्रोग्राम के इस नये स्वरूप को ऑब्जैक्ट प्रोग्राम अथवा अरि प्रक्रम कहते है। प्रोग्राम के क्रियान्वयन के लिये केवल अरि प्रक्रम की आवश्यकता होती है। इससे क्रियान्वयन तीव्र गति से होता हैं। इस परिष्कृति में चकती पर प्रक्रम भाषण परिष्कृति की तुलना में अधिक स्थान की आवश्यकता होती है। वर्तमान में सभी प्रचलित भाषा प्रोग्राम इसी विधि को अपना रहे हैं। भाष्यकार प्रक्रम केवल ऐतिहासिक अवशेष के रूप में प्रचलित हैं।

प्रमुख प्रोग्रामिंग भाषाएँ

वर्तमान में अधिकांश प्रचलित भाषाओं के दो स्वरूप प्रचलित हैं-डॉस आधार के लिये मूल स्वरूप तथा विण्डोज के लिये इसका विजुअल अर्थात् दृष्टीय स्वरूप-जैसे बेसिक तथा विजुअल बेसिक, सी तथा विजुअल सी आदि। कुछ प्रचलित उच्च स्तरीय भाषाओं को अनेक अन्य विवरणों के साथ दिया गया है :-

बेसिक

इस भाषा का यह नाम बिगनर्स ऑल-परपज सिम्बौलिक इन्स्ट्रकशन कोड का संक्षेप है जिसका अर्थ नवप्रशुक्षुओं के लिये सर्व-उद्देश्यीय सांकेतिक शिक्षित कूट है। कम्प्यूटर की प्रथम उच्च स्तरीय भाषाओं में से यह एक है जो अति सरल हैं तथा कभी बहुत लोकप्रिय थी। अनेक नई एवं विशिष्ट उद्देश्यों के लिये अधिक सुविधा सम्पन्न भाषाओं के विकास ने इसके महत्त्व को कम कर दिया है। इस भाषा में प्रोग्राम निर्माण के

लिए केवल भाष्यकार प्रोग्राम ही उपलब्ध है, अधिक प्रचलन में न होने के कारण किसी व्यवसायिक संगठन ने इसके लिए सम्पादन प्रोग्राम नहीं बनाया है। प्रोग्रामिंग की विधियों में प्रशिक्षण के लिए अब भी इसका उपयोग किया जाता है।

फोर्ट्रान

उच्चस्तरीय भाषाओं मे प्रथम लोकप्रिय यह भाषा 40 वर्षों से अधिक पुरानी है। यह वैज्ञानिक एवं अभियांत्रिकी संगणनाओं के लिए विशेष उपयोगी भाषा है। अपने लम्बे इतिहास में यह कई बार अप्रचलित हुई हैं, तथा कई बार विकसित हुई हैं। फोर्ट्रान 77 इसका वर्तमान में बहुप्रचलित स्वरूप है। इसके बाद के स्वरूप फोर्ट्रान 90 में इस भाषा का कायाकल्प हुआ है।

सी तथा सी डबल-प्लस

इस भाषा का प्रारम्भिक नाम बी था। बाद में इसके विकसित रूप को सन 1972 में सी नाम दिया गया। अब इसका और भी अधिक संवर्धित स्वरूप सी डबल-प्लस है। यह भाषा सर्वांग उपयोगिता वाले प्रोग्रामों के लिये तो उपर्युक्त है ही, परिचारण प्रणाली के विकास के लिये विशेष रूप से उपयोगी है। यह एक अति शक्तिशाली भाषा सिद्ध हुई है जिसने कम्प्यूटरी भाषा शास्त्र की नई परिभाषाएँ दी हैं। विश्व में इस भाषा का सर्वाधिक प्रचलन है।

इस भाषा के प्रमुख अंग सी भाषा, सी प्रपरिष्कारक अथवा प्रिप्रोसैसर, सी इण्टरफेस कन्वैन्शन, तथा सी लाइब्रेरी हैं। इसमें स्रोत प्रोग्राम का पहले प्रपरिष्कारण किया जाता हैं। उसके बाद उसका सम्पादन होता है।

पास्कल

फ्रांस के गणितविद् ब्लेज पास्कल, जिन्होंने ने 1642 में अंकीय संगणक विकसित किया था, के सम्मान में नाम पाने वाली यह भाषा सन् 1968-70 में निकलॉस विर्थ द्वारा विकसित की गई थी। 80 के दशक

में शैक्षणिक भाषा के रूप में प्रसिद्ध यह भाषा एक मात्र ऐसी भाषा हैं जिसका सम्पादक प्रोग्राम इसी भाषा में लिखा गया था। असम्भव प्रतीत होने वाला यह कार्य इस भाषा के एक विशेष अंग पी-कोड इण्टरप्रैटर के माध्यम से सम्भव हो सका। सर्वोंपयोगी प्रोग्रामों के विकास के लिए उपर्युक्त यह भाषा अब सी की तुलना में अप्रचलित होती जा रही है।

ऐडा

प्रारम्भिक कम्प्यूटर विकास के स्तम्भ ऐडा लवलेस के सम्मान में नामित यह भाषा अमेरिकी सैन्य उपयोगों के लिए विशेष रूप से विकसित की गई थी। इसका विकास एक प्रतियोगिता के माध्यम से कराया गया था जिसमें 17 प्रस्ताव आये थे एवं चार पर अन्तिम चुनाव के लिए विचार किया गया था। इनमें से फ्रांस के जीन इक्बियाह का अभिकल्प प्रथम माना गया। यह सन् 1979 की बात है किन्तु इस भाषा का उपयोग 1987 से ही प्रारम्भ हो सका।

लिस्प

मैमाशूट्स इन्स्टीटयूट ऑफ टैक्रोलॉजी के जॉन मैकार्थी द्वारा सन् 1960 में विकसित यह भाषा कम्प्यूटर विज्ञान एवं अनुसंधान के विषयों, जैसे रोबोटिकी, कृत्रिम बुद्धि, तथा बुद्धियुक्त प्रणाली, आदि के लिए विशेष उपयोगी है। इसके अनेक विकास हुए है तथा अनेक परिष्करण प्रचलित हैं।

7

बैंक परिसरों में कम्प्यूटर का प्रयोग

बैंक यंत्रीकरण

स्थानीय क्षेत्र नेटवर्क

बैंक कम्प्यूटरीकरण में स्थानीय क्षेत्र नेटवर्क का उपयोग बढ़ता जा रहा है। स्थानीय क्षेत्र नेटवर्क से अभिप्राय है कि शाखा द्वारा कई स्वाश्रयी कम्प्यूटर प्रयोग में लाए जा रहे हैं जो आपस में लेन द्वारा जुड़े हुए हैं। इस प्रणाली के अन्तर्गत कम्प्यूटर टर्मिनल एक ही बिल्डिंग में अलग-अलग स्थानों पर लगे होते हैं। शाखा में ग्राहक को रकम निकालवाने के लिए किसी विशेष टर्मिनल पर नहीं जाना पड़ता। वह किसी भी काउंटर पर जाकर नकदी-निकलवा सकता है। ये सभी टर्मिनल एक मुख्य मिनी-कम्प्यूटर से जुड़े होते हैं जो बिल्ड़िग में अन्यत्र पड़ा होता है।

स्थानीय क्षेत्र नेटवर्क के लाभ

1. ग्राहक का कार्य जल्दी निपट जाता हैं क्योंकि नकदी निकलने अथवा जमा करने हेतु, खाते की स्थिति जानने, आदि के कार्य किसी भी टर्मिनल पर पहुँच कर ऑपरेटर द्वारा करवाएं जा सकते हैं।

2. इस प्रणाली के अन्तर्गत कम्प्यूटर टर्मिनल एक ही बिल्डिंग के अन्दर

या दो स्थानीय शाखाओं के बीच भी लगाए जा सकते हैं जिससे वांछित सूचनाओं का आदान-प्रदान हो सकता है।

3. हार्डवेयर तथा सॉफ्वेयर का साझा प्रयोग होने से खर्च की मात्रा कम हो जाती हैं।

4. सभी टर्मिनल एक-दूसरे से जुड़े रहते हैं, जिसका एक लाभ यह है कि कार्य का भार विभिन्न टर्मिनलों पर साझे रूप में बांट लिया जाता हैं। किसी अकेली मशीन पर कार्य-भार नहीं पड़ता।

स्थानीय क्षेत्र नेटवर्क प्रणाली के कुछ दोष

1. प्रणाली का रख-रखाव खर्च अधिक होता है। रख-रखाव के लिए समूचा ध्यान भी रखना पड़ता हैं।

2. इस प्रणाली में जब तक पृष्ठ प्रणाली आरम्भ नहीं होगी अन्य टर्मिनल कार्य नहीं कर पाएँगे।

3. सुरक्षा की दृष्टि से यह प्रणाली अधिक सुरक्षित नहीं है क्योंकि प्रत्येक प्रयोगकर्त्ता की पहुँच कम्प्यूटर तक होती है जिससे प्रणाली का दुरूपयोग होने की संभावना अधिक होती है।

4. डेटा-प्रबन्धन के लिए थोड़ी जटिल सॉफ्टवेयर का प्रयोग करना पड़ता है।

अद्यतन समूह के साथ स्थानीय संसाधान

शाखा स्तर पर होने वाले दैनिक क्रिया-कलापों का डेटा कम्प्यूटर में डाल दिया जाता है और कम्प्यूटर द्वारा डेटा की प्रोसैसिग होती हैं। स्थानीय संसाधन में सभी क्रिया-कलाप बैंच रूप में होते हैं। इनपुट डेटा बैच के रूप में एकत्र करके उसे प्रोसैसिंग के लिए कम्प्यूटर में फीड किया जाता है। इस प्रकार प्रतिदिन प्रोसैसिंग के क्रिया-कलाप बैच रूप में ही किए जाते है।

निम्नलिखित सूचनाएँ प्रोसैसिंग के पश्चात् कम्प्यूटर से प्राप्त की जा

सकती है:

1. किसी निश्चित दिन में जमा तथा नाम की स्थिति।

2. लैजर से मिलान हेतु जमा तथा नाम की स्टेटमैंट, तथा

3. अन्य कार्यों की सूची।

उपर्युक्त प्रकार की बैच प्रोसैसिंग कम्प्यूटर के लिए बड़ी उपयोगी है परन्तु इसमें कमी यह हैं कि सूचना अप-टू-डेट नहीं होती।

बैच प्रोसैसिंग द्वारा प्राप्त होने वाले कुछ लाभों की सूची दी जा रही हैं:

1. बैच प्रोसैसिंग में सम्पूर्ण डेटा प्रोसैसिंग अलग-अलग खण्डों में बंट जाती है जिससे प्रत्येक खण्ड की शुद्धता की जांच की जा सकती हैं। जिस डेटा में अशुद्धियाँ हैं उन्हें ठीक किया जा सकता है।

2. आर्थिक दृष्टि से बैच प्रोसैसिंग कम खर्चीली है क्योंकि इसमें प्रयुक्त हाडवेयर अपेक्षाकृत सस्ती है तथा रख-रखाव खर्च भी कम होते हैं।

इसके अलावा बैच प्रोसैसिंग में दोष भी हैं। प्रत्येक क्रिया-कलाप के साथ जहां डेटा अप-टू-डेट होना होता है वहां यह नहीं हो पाता। तात्पर्य है कि डेटा तो प्रोसैसिंग होता रहता है परन्तु परिणाम की नवीनतम जानकारी नहीं प्राप्त होती। साथ ही, बैच प्रोसैसिंग मे डेटा/क्रिया-कलापों को बही-खातों में हाथ से भी लिखा जाता है जिसमें कार्य को दोहराव ही होता है। नवीनतम जानकारी/सूचना के लिए ऑन-लाइन प्रोसैसिंग ही प्रयोग की जाती हैं।

ऑन-लाइन पर अद्यतन करना

बैच प्रोसैसिंग में नवीनतम परिणाम प्राप्त नहीं होते। ऐसी नवीन स्थिति की जानकारी के लिए ऑन-लाइन प्रोसैसिंग की जाती है। इस प्रणाली में कम्प्यूटर से टर्मिनल जोड़ दिया जाता है। कम्प्यूटर का लिंक डिस्क के साथ कर दिया जाता है। जो डेटा कम्प्यूटर में फीड़ किया जाता है वह अपडेट होता रहता है। जब अगला डेटा फीड़ किया जाता हैं तो कम्प्यूटर

में पिछली फाइलें स्वतः अपडेट की जाती है। यह प्रणाली ऑन-लाइन प्रोसैसिंग कहलाती है। बैंक शाखाओं के काउन्टरों पर वांछित संख्या में ऑन-लाइन टर्मिनलों के साथ-साथ मिनी-कम्प्यूटर जोड़े जाते हैं। इस तकनीक के साथ कम्प्यूटर प्रणाली बड़े केन्द्रीय कम्प्यूटर के साथ भी जोड़ी जा सकती है जिससे सूचनाएं अन्यत्र प्रधान कार्यालय को भेजी जा सकती है।

विदेशी मुद्रा से सम्बन्धित क्रिया-कलाप इसी प्रणाली से किए जाते हैं। अधिकृत विदेशी मुद्रा वाली शाखा विदेशी मुद्रा से सम्बन्धित क्रिया-कलाप तत्काल ही शाखा-कम्प्यूटर द्वारा प्रधान कार्यालय के केन्द्रीय कक्ष के मुख्य कम्प्यूटर को प्रेषित करती है। इस प्रकार वांछित फाइले तत्काल ही अप-टू-डेट हो जाती है। कुछ स्वचालित टैलर मशीनें भी ऑन-लाइन प्रक्रिया पर कार्य करती है। ये ए.टी.एम केन्द्रीय कम्प्यूटर से जुड़े होते हैं, जिससे ग्राहकों के खाते के रिकार्ड होते है और ही नकदी निकलाने का कार्य ए.टी.एम. से किया जाता हैं वैसे ही मुख्य कम्प्यूटर पर ग्राहक का खाता अपडेट हो जाता है।

ए. एल. पी. एम.

ए. एल. पी. एम. शाखा यन्त्रीकरण की एक महत्त्वपूर्ण उपलब्धि है। इन मशीनों का प्रमुख कार्य शाखा के ग्राहकों का लेखा-जोखा रखना होता है। दैनिक रूप से होने वाले क्रिया-कलाप जैसे नकदी निकालना, जमा, अंतरण प्रविष्यिां मशीन में डाली जाती है और खाते अप-टू-डेट हो जाते हैं ।

29 मार्च, 1987 को बैंक कर्मचारी संघ के साथ ए. एल. पी. एम. के सम्बन्ध में, प्रयोग पर निम्नलिखित प्रावधान प्रस्तुत हुए:

मशीन-सरंचना

(1) मैमोरी 256 बिट से अधिक न हों,

(2) सी.पी.यू. 16 बिट से अधिक क्षमता की न हो, एवं

(3) फ्लापी/विचचैस्टर डिस्क पर आधारित हो।

कार्य

समझौते के अनुसार मशीन इनमें से सम्बन्धित कोई भी कार्य करेगी :-

(1) ओवरड्राफ्ट सहित चालू खाते,

(2) बचत खाते,

(3) अन्य जमा खाते,

(4) सामान्य लैजर खाते,

(5) कैश क्रेडिट और अन्य,

(6) वेतन।

बचत खातों की स्थिति में इनकी संख्या 22,000 से अधिक होनी चाहिए तथा वाउचरों की संख्या औसतन 400 से अधिक नहीं होनी चाहिए।

दिसम्बर 1990 तक बैंकों के पास 5,273 लैजर पोस्टिंग मशीने थी।

ए. एल. पी. एस. की विशेषताएँ

1. न्यूनतम शेष के पश्चात् भुगतान नहीं होता।

2. फाइल में ग्राहक के सभी तथ्य नोट कर लिए जाते है, जैसे-नाम, पता, चैक सुविधा आदि।

3. कार्य जल्दी निपट जाता है।

4. संचालन के दौरान सभी सूचनाएँ स्कीन पर उपस्थित हो जाती है।

5. मानक-आदेशों के अनुसार कार्य निपटा दिया जाता हैं।

6. खातों की स्टेटमैन्ट निकल आती हैं।

7. दैनिक रूप से खातों की स्थिति स्पष्ट हो जाती हैं।

8. चैक बुक का जारी किया जाना के साथ नोट कर लिया जाता है।

9. चैक की शुद्धता की जांच, जैसे-अवधि से पुराना चैक आदि हो जाती है।

10. ब्याज की गणना हो जाती हैं।

11. कुल शेष की जांच जनरल लैजर से तुलनात्मक रूप से कर ली जाती है।

संचालन सम्बन्धी सुरक्षा

1. सीमा से अधिक भुगतान की जांच सम्बन्धित अधिकारी द्वारा कर ली जानी चाहिए।

2. अनधिकृत व्यक्ति की पहुँच मशीन तक नहीं होनी चाहिए।

3. दिन के समापन पर सामान्य लैजर से शेष की जांच कर ली जानी चाहिए।

4. पास वर्ड प्रतिदिन बदलते रहना चाहिए।

5. सभी क्रिया-कलापों की जांच कर ली जानी चाहिए।

अन्य सुरक्षा विचार

1. लॉक लगाना-मशीन पर निम्न प्रकार के लॉक इस्तेमाल किए जा सकते है:

-की-बोर्ड/ऑपरेटर लॉक,

-सी. पी. यू. ब्लॉक, एवं

-अधिकारी का लॉक।

2. फ्लॉपी-डिस्क सुरक्षा-फ्लॉपी को सुरक्षित अलमारी में रखा जाना चाहिए। ये स्थाल आग, पानी की दृष्टि से भी सम्पूर्ण रूप से सुरक्षित होना चाहिए।

3. हार्डवेयार रख-रखाव के सम्बन्ध में भी जागरूकता बरतनी चाहिए।

शाखा में सम्पूर्ण कम्प्यूटरीकरण की आवश्यकता

बैंक कम्प्यूटरीकरण में प्रथम पद, ए. एल. पी. एम. लगाने का रहा। निश्चित रूप से कम्प्यूटरीकरण से बैंकों की छवि सुधरी है तथा ग्राहक-सेवा तीव्र हुई है। सम्पूर्ण शाखा के कम्प्यूटरीकृत किए जाने से हाथ द्वारा किए जाने वाले क्रिया-कलाप नगण्य हो गए हैं। शाखा-कम्प्यूटरीकरण की आवश्यकता मुख्य रूप से ग्राहक सेवा में सुधार लाना तथा कार्य-समय में तीव्रता लाना है।

ग्राहक सेवा से सम्बन्धित पहलु

1. एक ही काउंटर पर विभिन्न सेवाएं उपलब्ध,
2. ग्राहकों की समस्याओं/प्रश्नों का उत्तर देने हेतु टर्मिनल,
3. ड्राफ्ट, आदि बनाना,
4. नकदी-प्राप्ति,
5. ऋण वितरण।
6. क्रेडिट-कार्ड
7. खातों की प्रिन्टेड स्टेटमैन्ट,
8. ऋणों की जांच,
9. नकदी-भुगतान,
10. विदेशी मुद्रा सम्बन्धी कार्य-क्रय तथा विक्रय, एवं

उपरोक्त सभी कार्यों के लिए कम्प्यूटरीकरण एक महती आवश्यकता बन गई है।

सम्पूर्ण कम्प्यूटीकरण के लाभ

1. ग्राहक सेवा बेहतर हो जाती है। एक ही काउंटर पर कार्य निपट जाने से ग्राहक संतुष्ट हो जाता है।

2. कम्प्यूटर द्वारा कार्य बड़ी जल्दी निपट जाता है। ज्यों ही क्रिया-कलाप अथवा वाउचर की सूचना कम्प्यूटर को दी जाती है वैसे ही कार्य सम्पूर्ण कर दिया जाता हैं

3. कम्प्यूटर द्वारा कम खर्चीली सेवाएँ प्राप्त की जा सकती है।

4. यदि सुरक्षा तथा सावधानी बरती जाएं तो कम्प्यूटरीकरण से खातों में फ्रॉड होने के अवसर कम हो सकते है।

5. अर्न्तशाखा मिलान आसानी से सम्भव हैं।

6. कम्प्यूटर द्वारा किया गया कार्य तीव्र होने के साथ-साथ सही भी होता है। अगर कहीं कोई त्रुटि आती हैं तो केवल मानवीय कारणों से ही आती है।

7. खातों तथा आँकड़ों की प्रिन्टेड स्टेटन्मैन्ट प्राप्त हो जाती है। पास बुक का झंझट ही नहीं रहता।

कम्प्यूटर नेटवर्क

बैंक शाखाओं में भिन्न-भिन्न प्रकार से कम्प्यूटर नेटवर्क स्थापित किया जा सकता है।

स्टार नेटवर्क

स्टार नेटवर्क में मुख्य कम्प्यूटर अन्य स्थानीय कम्प्यूटरों के साथ विविध लाइनों द्वारा जोड़ दिया जाता है। इसमें अन्य स्थानीय कम्प्यूटर एक-दूसरे के साथ सीधे नहीं जोड़े जाते, बल्कि उनका सम्बन्ध मुख्य कम्प्यूटर के जरिए होता हैं।

बस नेटवर्क

इस नेटवर्क में कम्प्यूटर श्रेणी बद्ध रूप से जुड़े होते हैं। ये सभी मुख्य कम्प्यूटर से साझेदारी करते है। इसमें एक कम्प्यूटर श्रेणी में स्थित अन्य कम्प्यूटर को संदेश/सूचना भेज सकता है।

वलय नेटवर्क

वलय नेटवर्क में कम्प्यूटर समान रूप से जुड़े होते हैं। इस नेटवर्क में मुख्य कम्प्यूटर नहीं होता। अतः कम्प्यूटर टर्मिनल को कन्ट्रोल नहीं करना पड़ता। यह नेटवर्क स्टार नेटवर्क की अपेक्षा अधिक ठीक है क्योंकि संचार व्यवस्था मात्र एक मुख्य कम्प्यूटर पर ही निर्भर नहीं रहती।

पूर्ण लिंक नेटवर्क

इस नेटवर्क में कम्प्यूटर का लिंक अन्य कम्प्यूटरों के साथ सीधे तौर पर होता है। इसमें सभी कम्प्यूटर एक दूसरे के साथ जोड़े जा सकते हैं। इस प्रकार के नेटवर्क में संचार बड़ी तीव्रता से होता है और यदि सिस्टम मे खराबी आ भी जाए तो केवल खराब हुए टर्मिनल ही प्रभावित होंगे बाकी सिस्टम प्रभावित नहीं होगा।

समूह निविष्ट के साथ दूरस्थ अभिकलन सुविधा

इस प्रकार की सुविधा भी कम्प्यूटरीकृत बैंकिग के लिए बड़ी उपयोगी सिद्ध हुई है। शाखाएँ सीधे ही प्रधान कार्यालय से ताल-मेल बिठा लेती है।

शाखा कम्प्यूटरीकरण में सभी टर्मिनल शाखा के पृष्ठ भाग में स्थित कम्प्यूटर सेग जुड़े होते हैं तथा यह सम्भव है कि पृष्ठ भाग के कम्प्यूटर का सीधा लिंक प्रधान कार्यालय स्थित मेन कम्प्यूटर से जोड़ा जा सके जिससे डेटा को प्रेषित किया जा सके। इस स्थिति में कम्प्यूटरीकृत शाखाओं पर बैच प्रोसैंसिग होगी तथा ये शाखाएं आगे की प्रोसैसिंग के लिए डेटा प्रधान कार्यालय को प्रेषित कर देंगी। प्रधान कार्यालय स्तर पर शाखाओं से प्राप्त स्टेटमैंट इकट्ठी करके कम्प्यूटर में फीड की दी जाती हैं तथा डेटा से अशुद्धियाँ, आदि दूर की जाती है। स्पष्ट है कि इस सुविधा में डेटा/सूचनाएँ दूर स्थित प्रधान कार्यालय को शाखाओं द्वारा प्रेषित होते है।

मिनी-कम्प्यूटर नेटवर्किंग के साथ ऑन-लाइन प्रणाली तथा मेन-फ्रेम कम्प्यूटर

शाखाओं में क्रिया-कलाप जो पृष्ठ भाग में होते हैं, वे मिनी-कम्प्यूटर द्वारा नियन्त्रित किए जाते हैं। सभी शाखाओं पर ऑन-लाइन प्रोसैसिंग होती है। शाखाएँ क्षेत्रीय/आंचलिक कार्यालय के मेन-फ्रेम कम्प्यूटर से जुड़ी होती है। प्रतिदिन शाखाएं डेटा को अपने-अपने क्षेत्रीय/आंचलिक कार्यालय को इस लिंक द्वारा प्रेषित करती है। इस स्तर पर शाखाओं से प्राप्त डेटा की मेन-फ्रेम कम्प्यूटर द्वारा जांच की जाती है। मेन-फ्रेम पर प्रोसैस किया गया डेटा प्रधान कार्यालय को स्थानांतरित कर दिया जाता है। इस प्राप्त डेटा के आधार पर प्रधान कार्यालय स्तर पर महत्त्वपूर्ण निर्णय लिए जाते हैं। उदाहरण के तौर पर, शाखाएं दैनिक रूप से डिपाजिट तथा ऋणों की सूचनाएँ क्षेत्रीय कार्यालय/आंचलिक कार्यालय को प्रेषित करती है। इनकी जांच करने के पश्चात् सूचनाएँ प्रधान कार्यालय को प्रेषित कर दी जाती हैं, जहां दैनिक रूप से कुल ऋणों तथा जमा की स्थिति आंकी जाती है तथा CRR तथा SLR की स्थिति पता चल जाती है।

विभिन्न स्तरों पर आधारभूत आंकड़ों का दोहराव

कई बार शाखा कम्प्यूटरीकरण में कुछ कमियाँ रह जाती है। कई बार हार्डवेयर में कमी रह जाती है तो कई बार सॉफ्टवेयर चुनाव में त्रुटि रह जाती है। इन कमियों से कई बार डेटा नष्ट होने की सम्भावना हो जाती है। अतः विभिन्न स्तरों जैसे शाखा, क्षेत्रीय कार्यालय, मंडल कार्यालय तथा प्रधान कार्यालय स्तर पर आँकड़ों जैसे अशोध्य ऋण, आदि का रख-रखाव किया जाता है। प्रधान कार्यालय स्तर पर राष्ट्रीय स्तर पर ऐसे ऋणों की जानकारी होती हैं।

अतिरिक्त बैंकिंग अनुप्रयोग

अन्तर-शाखा मिलान

वर्तमान समय में ग्राहकों में बैंकों के प्रति जागरूकता होने से उनमें बैंकिग आदत बढ़ती जा रही हैं। बैंकों पर भी ग्राहक सेवा का बोझ बढ़ता जा रहा हैं। नई-नई शाखाएँ खोली जा रही हैं और शाखाओं का विस्तार किया जा रहा है।

बैंकों की शाखाओं मे आपसी लेन-देन, अंतरण भी चलते रहते हैं। ये लेन-देन व अंतरण डाक द्वारा, फैक्स, टेलीफोन, अन्य माध्यमों द्वारा चलते है। कई बार शाखाएँ एक-दूसरे को डेबिट-क्रेडिट सूचनाएँ भेजती हैं। इस प्रकार के अंतरण में एक शाखा क्रेडिट होती है तथा दूसरी डेबिट। इस प्रकार की अनेकों प्रविष्टयाँ हो सकती हैं, जिनका शाखा-स्तर पर मिलान किया जाना अत्यन्त आवश्यक हैं। ये मिलान समय-समय पर किए जाते रहने चाहिए अन्यथा ये एक जटिल समस्या बन जाते हैं। कम्प्यूटरों ने इस क्षेत्र में बड़ी सहायता की है। इसकी सहायता से अन्तर-शाखा अन्तरण तुरन्त किया जा सकता है।

अन्तर शाखा मिलान की आवश्यकता

अन्तर-शाखा मिलान की आवश्यकता आजकल बैंकों में युद्ध-स्तर पर महसूस की जा रही है। यह आवश्यकता निम्नलिखित कारणों से हैं:

1. शाखाओं की निरन्तर बढ़ती संख्या। स्टेट बैंक, पंजाब नेशनल बैंक बहुत विस्तृत बैंक हैं। इनके लिए अन्तर-शाखा मिलान बिना कम्प्यूटर के एक समस्या है।

2. शाखाओं में स्टॉफ कम होना।

3. स्टॉफ की कार्य में रूचि न होना।

4. डाक में देरी।

5. बैंक की शाखाओं में आपसी अंतरणों की लगतार बढ़ती संख्या।

6. लिपिक त्रुटियाँ जैसे गलत वाउचर, गलत शाखा कोड़ का लिखा जाना।

7. कार्मिकों द्वारा हाथ से मिलान किए जाने में अधिक श्रम तथा समय नष्ट होना।

8. गबन का खतरा होना।

अन्तर-बैंक समाधान में कम्प्यूटर का ब्यौरा एवं उपयोग

कम्प्यूटर अन्तर शाखा समाधान में बड़ी विशेष भूमिका निभाते हैं बिना कम्प्यूटर के यह कार्य आजकल लगभग असम्भव-सा हो गया है। जैसा कि प्रश्न के आरम्भ में बताया जा चुका है कि एक शाखा दूसरी शाखा के साथ अन्तरण करती हैं जिससे एक शाखा डेबिट तथा दूसरी शाखा क्रेडिट होती है। लगभग सभी बैंकों में यह अन्तरण की प्रक्रिया मिलती-जुलती है। शाखाएँ दैनिक रूप से प्रतिदिन होने वाले कुल डेबिट-क्रेडिट का अलग-अलग हिसाब रखती हैं।

अन्तर शाखा अन्तरण में कम्प्यूटर सिस्टम में निम्नलिखित बातों का ध्यान रखना आवश्यक हैं:

1. शाखाओं के बीच लेन-देन का कोड नम्बर।

2. वाउचरों पर कोड नम्बर समान होना आवश्यक है।

3. अन्तरण की तारीख।

4. अन्तरण की राशि

5. किस तरह का अन्तरण है-डेबिट अथवा क्रेडिट इसका उद्देश्य आवश्यक है।

आरम्भ में कम्प्यूटरीकरण में अन्तर-बैंक समाधान में कई व्यवधान/दोष आए क्योंकि जरा-सी भी गलती से कम्प्यूटर सिस्टम मिलान करने में असमर्थ हो जाते थें। समस्या सुलझाने के स्थान पर और बढ़ गई। तब

प्रयत्न किया गया कि वाउचर पर कोड़ नम्बर व अन्य सभी विवरण सही प्रकार से भरे जाएँ। धीरे-धीरे कम्प्यूटर मिलान के लिए ये अनिवार्य अंग बन गए तथा समय की भी बचत होने लगी। इस क्रिया को सुचारू रूप से चलाने के लिए निम्न बातों का पालन जरूरी है:

1. शाखाओं के सही कोड़ का प्रयोग।

2. वाउचरों/फार्मों का मानकीकरण।

3. समय-सीमा का ध्यान।

4. स्टॉफ में कार्य के प्रति रूचि/जागरूकता।

शाखा स्तर पर मिलान कार्य

शाखा स्तर पर मिलान कार्य में कम्प्यूटर की विशिष्ट भूमिका हैं। मिलान जैसे जटिल कार्य को कम्प्यूटर ने अत्यन्त सरल बना दिया है। शाखा स्तर पर मिलान कार्य के निम्नलिखित चरण है:

क्रिया-कलाप/ट्राँसेक्शन फाइल

कम्प्यूटर में सर्वप्रथम स्टोरेज उपकरण जैसे डिस्क/टेप पर यह फाइल खोली जाती है जिसमें दैनिक रूप से किए गए अन्तरों का लेखा-जोखा फीड किया जाता है। यह लेखा-जोखा अन्तरणों की संख्या पर निर्भर करता हैं और कई पृष्ठों का हो सकता है। प्रत्येक शाखा के कोड नम्बर के अनुसार यह फाइल खोली जाती है तथा दैनिक रूप से इसका लेखा-जोखा देखा जाता है। फाइल में दिनाँक भी डाल दिया जाता हैं।

क्रिया-कलाप के लिए निम्नलिखित जानकारी इस फाइल में भरी जाती है:

-सम्बन्धित शाखा का शाखा-कोड़।

-वाउचर की तिथि।

-अन्तरण की कोड।

-राशि।

-अन्तरण का प्रकार।

सारांश फाइल

शाखा अलग से एक सारांश फाइल खोलती है। यह फाइल एक ही काफी होती है। इसमें किसी निश्चित दिन का अन्तिम व आरम्भिक शेष, डेबिट-क्रेडिट का ब्यौरा तथा पूरा योग वर्णित होता है। यदि क्रिया-कलापों की संख्या बहुत अधिक हैं तो इस फाइल की संख्या अधिक भी हो सकती हैं। यह फाइल ट्रॉंसेक्शन फाइल से ही तैयार होती है अतः यह जरूरी है कि दोनों प्रकार की फाइलों में गलती की संभावना से बचा जाएँ और सही प्रविष्टियाँ ही फाइलों में भरने की कोशिश की जाएं। इससे मिलान करने में आसानी रहेगी तथा समय/परिश्रम की भी बचत होगी। कम्प्यूटरीकरण भी तभी सार्थक सिद्ध होगा अगर सावधानियाँ बरतने में कोई कसर न छोड़ी जाए।

फाइल सम्पादन

फाइल सम्पादन भी मिलान में अत्यन्त महत्त्वपूर्ण है। सम्पादन/जाँच से अवैध/त्रुटिपूर्ण प्रविष्टियाँ रिकार्ड से निकाली जा सकती है।

इस जाँच में कोड़, जाँच, दिनांक जाँच के अलावा, शाखा कोड़ राशि तथा अन्तरण प्रकार की जाँच कर ली जाती है। अशुद्ध प्रविष्टियाँ निकाल ली जाती है। शेष रिकार्ड सही होता है तो उपरोक्त फाइलों में स्थायी तौर पर संग्रह कर लिया जाता है। आवश्यकता पड़ने पर इन फाइलों की फ्लापी/मैगनेटिक डिस्क/टेप मुख्य कार्यालय को भेजी जा सकती है।

प्रधान कार्यालय स्तर पर मिलान कार्य

प्रधान कार्यालय अपनी समस्त शाखाओं से प्राप्त सभी सूचनाओं तथा स्टेटमैण्ट्स का हिसाब-किताब रखता है। प्रधान कार्यालय द्वारा इस प्रकार का समस्त लेखा-जोखा रखना, एक जटिल कार्य है।

प्रधान कार्यालय स्तर पर मिलान जैसे दुष्कर कार्य को कम्प्यूटर ने सरल कर दिया हैं। बैंकों के प्रधान कार्यालय में मिलान कार्य हेतु निम्नलिखित प्रक्रियाएँ की जाती है:

ट्राँसेक्शन तथा सारांश फाइलों की प्रविष्टियों का मिलान

मिलान कार्य के लिए सर्वप्रथम ट्राँसेक्शन फाइल तथा उसके पश्चात् सारांश फाइल खोली जाती है। ट्राँसेक्शन फाइलों में हुई कुल प्रविष्टियों के योग का मिलान सारांश फाइल के योग से किया जाता है। यह योग समान आना चाहिए। यदि योग में कोई अन्तर आता है। तो सस्पेंस फाइल में अन्तरित कर दिया जाता है। शाखा के अनुसार अंतिम शेष प्रकट हो जाता हैं।

ट्राँसेक्शन फाइलों पर मिलान कार्य

ट्राँसेक्शन फाइल में शाखा-अनुसार डेबिट-क्रेडिट प्रविष्टियाँ होती है। ट्राँसेक्शन फाइल को 2 भागों में बांट लिया जाता हैं। एक भाग में शाखा के अनुसार क्रेड़िट प्रविष्टियाँ ले ली जाती हैं। दिनांक, राशि, अन्तरण की तिथि के अनुसार ये प्रविष्टियाँ ली जाती है। दूसरी फाइल में शाखानुसार इसी प्रकार क्रेडिट प्रविष्टियाँ ली जाती हैं

दोनों भागों का मिलान किया जाता है, यदि दोनों तरफ योग सही आता है तो इसका तात्पर्य है कि मिलान कार्य सही है। यदि कोई अन्तर आता है तो उन्हें प्रिन्ट कर लेते हैं।

मिलान कार्य के लिए समय निर्धारण

समय निर्धारण इस बात पर निर्भर करता हैं कि कितने समय में शाखाओं में स्टेमैंट्स प्राप्त होते हैं। उदाहरण के लिए, यदि मान लिया जाए कि मूल प्रविष्टि का एक माह के सामान्य समय में उत्तर मिल जाता है तो प्रधान कार्यालय में मिलान कार्य के लिए दो या तीन माह का समय रखा जा सकता है। बहुधा ऐसे मिलान त्रैमासिक स्तर पर होते हैं।

इस दौरान जो प्रविष्टियाँ मिलान होने से रह जाती हैं उनके लिए

शाखाओं को सूचित किया जाता है उनके प्रत्युत्तर पर ये प्रविष्टियों ट्राँसेक्शन फाइल में ली जाती है और उन प्रविष्टियों को "न मिली हुई प्रविष्टियों" की सूची से अलग कर लिया जाता हैं। बार-बार सूचित करने पर भी उत्तर न मिलने पर ये प्रविष्टियाँ तुलना-पत्र में ली जाती हैं।

विदेशी मुद्रा व्यापार में कम्प्यूटरीकरण

सामान्य व्यापार के अलावा बैंकों में अन्तर्राष्ट्रीय व्यापार के क्रिया-कलाप भी बढ़ते जा रहे हैं। अन्तर्राष्ट्रीय व्यापारों में विदेशी मुद्रा की दरों, ग्राहकों को भुगतान, निर्यात, आयात, ऋण प्रदान करना, आदि कार्य आते हैं जिनको सीमित समय अन्तरण में जल्द से जल्द निपटाना होता है। विदेशी मुद्रा व्यापार का कार्य यूँ भी थोड़ा जोखिम भरा होता हैं क्योंकि इसमें नवीनतम/दैनिक मुद्रा दरों के अनुसार कार्य होता है। इस कार्य के लिए सावधानी आवश्यक है क्योंकि जरा-सी त्रुटि से हानि की सम्भावना हो जाती हैं। कम्प्यूटरीकरण होने से इस प्रकार के कार्य त्वरित होते हैं तथा त्रुटि की सम्भावना भी नहीं रहती।

बैंकों में विदेशी मुद्रा व्यापार कार्य

बैंकों में विदेशी मुद्रा व्यापार कार्य दो स्तरों पर सम्पन्न होता है:

1. शाखा स्तर।

2. मुख्य कार्यालय स्तर पर।

अधिकृत शाखा में ग्राहक अपने कार्य करवा सकते हैं। मुख्य कार्यालय स्तर पर कन्ट्रोलिंग कार्य चलता हैं। वायदा-सौदे में विदेशी मुद्रा का सुचारू रूप से कन्ट्रोल करते हैं।

कम्प्यूटरीकृत विदेशी व्यापार प्रणाली के भाग

(i) अधिकृत शाखाओ में कार्य

अधिकृत शाखाएँ व्यापार सम्बन्धी सूचनाएँ, डेबिट-क्रेडिट वाउचर, आदि सूचनाएँ एकत्रित करती हैं। मूल प्रलेख कम्प्यूटर पर तैयार किए जाते हैं।

तत्पश्चात् कम्प्यूटर वांछित प्रविष्टियाँ रिकार्ड के लिए, बही-खातों में भरने के लिए उत्पन्न करता है। जहां पर समय-सीमा एक अनिवार्य अंग होती हैं, वहाँ ऐसी सूचना भी साथ में लिखता है। वायदा सौदे, सौदे को कैंसिल करना, समय वृद्धि ऐसी सूचनाएँ भी कम्प्यूटर में डाली जाती है। विदेशी व्यापार से सम्बन्धित मुख्य कार्यालय को इस प्रकार सभी सूचनाएँ जैसे डेबिट-क्रेडिट आदि भेजी जाती हैं।

(ii) व्यापार कक्ष में कार्य

अधिकृत शाखा से मिली सूचनाओं के आधार पर व्यापार कक्ष व्यापारिक क्रिया-कलापों से सम्बन्धित कार्य करते हैं।

व्यापार कक्ष में निम्न कार्य कम्प्यूटर द्वारा किए जाते हैं:

1. देश के अनुसार मुद्रा-स्थिति,
2. मुद्रा की स्थिति,
3. सौदे जो निर्धारित सीमा से अधिक हैं।
4. सौदों का विवरण,
5. परिपक्वता गैप,
6. शाखानुसार स्थिति।

कम्प्यूटर इन सभी सूचनाओं को प्रिन्ट करता है। व्यापार कक्ष के साथ ही लेखा कक्ष होता है। यह कक्ष भी व्यापार कक्ष के कम्प्यूटर से जुड़ा होता है। इस कक्ष में क्रियाकलापों का समस्त लेखा-जोखा रखा जाता है। देशी-विदेशी शाखाओं से विभिन्न मुद्दों पर यह कक्ष पत्राचार/संदेश आदि भेजने का कार्य करता है।

नकदी एवं निवेश प्रबन्धन

फंड मैनेजमेंट बैंकों का एक प्रमुख कार्य है और इसके लिए भारतीय रिजर्व बैंक समय-समय पर बैंकों को आवश्यक निर्देश जारी करता है।

नकदी प्रबन्धन और निवेश प्रबन्धन प्रणालियाँ फंड मैनेजमेंट का एक भाग ही है।

बैंको में नकदी प्रबन्धन प्रणालियाँ

बैंक अपनी इच्छानुसार अत्यधिक ऋण प्रदान नहीं कर सकते और इसी प्रकार न ही स्वेच्छापूर्वक अत्यधिक नकदी अपने पास रख सकते हैं

उन्हें सांविधिक चलनिधि अनुपात और प्रारक्षित नकदी निधि अनुपात का पालन करना पड़ता है। ये अनुपात रिर्जव बैंक द्वारा समय-समय पर जारी किए जाते हैं।

रिर्जव बैंक के आदेशानुसार ही बैंकों को सरकारी प्रतिभूतियों में न्यूनतम निवेश करना पड़ता है। यह निवेश इन्हीं अनुपातों पर निर्भर करता है। ये प्रतिभूतियाँ कोई आकर्षक ब्याज दरें नहीं देतीं, बल्कि इनसे न्यून ब्याज दर प्राप्त होती हैं। अत: बैंकों की यही कोशिश होती हैं कि इनमें निवेश कम से कम ही हो। बैंक जो अपनी नकदी रिजर्व बैंक के पास रखते हैं उन पर कोई ब्याज दर नहीं प्राप्त होती।

माँग और समय देयताएँ समय-समय पर बदलती रहती हैं क्योंकि बैंकों का ग्राहकों द्वारा निकाली गई रकम पर कोई कन्ट्रोल नहीं है। इसी प्रकार बैंकों को ग्राहकों द्वारा जमा की गई राशिओं पर भी नियन्त्रण नहीं होता।

तात्पर्य है कि माँग और समय-देयताएँ स्थिर नहीं रहती, बल्कि तत्परता से बदलती रहती है।

बैंक को इनपर ध्यान रखना पड़ता हैं क्योंकि सांविधिक चलनिधि और प्रारक्षित नकदी अनुपात इन्हीं की प्रतिशतता पर निर्भर करता है।

बैंकों को इस सम्बन्ध में हर सप्ताह रिजर्व बैंक को स्टेटमेंट्स भेजनी पड़ती है तथा इस प्रकार के अनुपातों की जानकारी के लिए बैंकों को सीधे अपने प्रधान कार्यालय से लिंक बनाए रखना पड़ता हैं।

शाखाओं से प्राप्त डेटा/सूचनाएं/स्टेटमेंट्स प्रधान कार्यालय के कम्प्यूटर में

भर ली जाती है।

कम्प्यूटर का योगदान

उपर्युक्त कार्यों के लिए शाखा स्तर, आंचलिक कार्यालय तथा प्रधान कार्यालय स्तर पर कम्प्यूटर विशेष भूमिका निभाते हैं। नकदी प्रबन्धन में कम्प्यूटर अधोलिखित भूमिका निभा सकते हैं:

1. उपर्युक्त अनुपातों में रखे गए फंड की तुलना करना।

2. शाखाओं से प्राप्त डेटा का रिकार्ड रखना।

3. तुलनात्मक अध्ययन के अनुसार फंड निकालने या बढ़ाने की गणना करना।

4. सांविधिक चलनिधि और प्रारक्षित नकदी अनुपात के अनुसार फंड की गणना करना।

उपर्युक्त इनपुट को कम्प्यूटर में फीड़ करने के पश्चात् आउटपुट प्राप्त होता है जो शाखा प्रबन्धन को नकदी प्रबन्धन के बारे में सम्पूर्ण रिपोर्ट प्रस्तुत करता है। इस रिपोर्ट पर आधारित रह कर निम्नलिखित निर्णय लिए जा सकते है:

1. ऋण हेतु फंड उपलब्ध कराना।

2. लघु अवधि निवेश के लिए उपलब्ध नकदी।

3. काल-मनी मार्किट से नकदी उठाना।

4. दीर्घावधि निवेश के लिए उपलब्ध नकदी।

5. अधिक उपलब्ध नकदी को मार्किट में ब्याज पर देना।

निवेश प्रबन्धन

नकदी प्रबन्धन में बैंकों को सांविधिक चलनिधि और सुरक्षित नकदी अनुपात का पालन करना पड़ता है। बैंकों को न्यूनतम फंड सरकारी

प्रतिभूतियों में भी निवेश करने पड़ते हैं। इनकी बैंकों को अन्य निवेशों या दिए गए ऋणों की अपेक्षा कम ब्याज मिलता है।

बैंक सरकारी प्रतिभूतियों के अलावा अन्य प्रतिभूतियों तथा मार्किट में निवेश करते हैं। निवेश प्रबन्धन में बैंक को बदलती हुई ब्याज दरों का विशेष रूप से ध्यान रखना पड़ता है।

पिछले कुछ वर्षों से ब्याज दरें शीघ्रतापूर्वक बदल रही हैं। यदि प्रतिभूतियों में ब्याज दर कम हो जाए तो बैंक को वर्तमान में उपलब्ध प्रतिभूतियों पर अधिक ब्याज मिलेगा। ब्याज दर पर बढ़ जाने से बैंक को वर्तमान में उपलब्ध प्रतिभूतियों पर कम तथा लाभ मिलेगा। अतः इस स्थिति में बैंक उपलब्ध प्रतिभूतियों से निवेश को निकालना चाहेगा।

लाभांश की गणना

वर्तमान लाभांश

यह लाभांश छोटे समय-अन्तरालों के लिए होता है। यह प्रतिभूति पर वर्तमान लाभ को ही प्रकट करता है। वर्तमान लाभांश की गणना क्रिया अत्यन्त सरल हैं। इस लाभांश की गणना करने के लिए नीचे लिखे कारक ध्यान में रखे जाते हैं :

1. कूपन रेट,
2. अंकित मूल्य, एवं
3. मार्किट मूल्य।

परिपक्वता लाभांश

यह लाभांश परिपक्वता मूल्य और वर्तमान समय में उपलब्ध लाभांश का तुलनात्मक अध्ययन कराता है।

बाजार मूल्य परिवर्तनशील रहता है। बाजार मूल्य जितना कम होगा, यह लाभांश उतना ही अधिक होगा।

निवेश प्रबन्धन में कम्प्यूटर का कार्य

1. किसी निश्चित तिथि पर निवेशों की सूची;

2. प्रतिभूतियों का बाजार मूल्य;

3. प्रतिभूतियों पर परिपक्वता लाभांश;

4. निवेशों की सूची जिनका भुगतान होना है;

5. प्रतिभूतियों पर वर्तमान लाभांश

6. इस तिथि पर प्रतिभूतियों में लगाया गया कुल निवेश; एवं

7. निवेशों की सूची जिनका भुगतान किया जा चुका है, परन्तु प्रतिभूतियाँ जानी बाकी है।

रंगाराजन कमेटी-1989

रंगाराजन कमेटी में बैंकों में कम्प्यूटीकरण के महत्त्व पर बल दिया गया। कमेटी में सांख्यिकीय विश्लेषण भी किया गया जिसमें उल्लेख किया गया कि निम्नलिखित कार्य क्षेत्रीय कार्यालय/आंचलिक कार्यालय स्तर पर आसानी से तीव्रतापूर्वक किए जा सकते है:

1. रिजर्व बैंक को प्रस्तुत की जाने वाली विवरणियों के लिए आँकड़ों का संचयन।

2. अशोध्य और शंकास्पद ऋणों का पता लगाकर उनका प्रावधान करना;

3. कार्मिक सूची प्रणाली;

4. ऋण गाारंटी योजना के अन्तर्गत दावा करना;

5. प्राथमिकता प्राप्त क्षेत्रों के अग्रिम आँकड़ों की जाँच;

6. अग्रिमों की वसूलियों हेतु अनुवर्ती कार्यवाही;

7. ऋण सूचना प्रणाली;

8. व्यापार-योजना के लिए आँकड़ों का सम्प्रेक्षण, विश्लेषण और पूर्वानुमान करना;

इलैक्ट्रानिक निधि अन्तरण प्रणालियाँ

निधि अन्तरण सीधी व्यवस्था एवं चिप कार्ड

बैंकों की शाखाएँ निधि अन्तरण तथा अन्य सूचनाओं के लिए एक-दूसरे से सम्बद्ध होती हैं। एक शाखा से दूसरी शाखा के बीच होने वाली सूचनाओं के स्थानतरण मे क्रेड्टि/डेबिट सूचनाएँ शामिल हैं। अन्तरण की यह व्यवस्था निधि-अन्तरण कहलाती है।

लाभ

1. ऋण सुविधा भी प्रदान की जा सकती है।

2. नेटवर्क से जुड़ी शाखाएँ एक-दूसरे को सूचना-मात्र से निधियाँ तत्काल भेजने में समर्थ हैं।

3. पैसा निकलवाने के अलावा ग्राहक किसी दूसरी शाखा पर रुपया जमा भी करा सकता है जिसकी सूचना निधि-अन्तरण द्वारा उस शाखा में भेज दी जाती है, जहाँ ग्राहक का खाता होता है।

4. ग्राहक, किसी दूसरी शाखा पर स्थित अपने खाते में से, किसी दूसरी शाखा पर भी आसानी से धन निकलवा सकता है तथा असुविधा से बच सकता है। यह आजकल सभी बैंक परिसरों में चल रहे "ऐनी वेयर बैंकिग" **(Anywhere Banking)** नामक तकनीक के अन्तर्गत उपयोग में है।

5. ग्राहक सेवा में बेहतरी होने से बैंक के डिपाजिट तीव्र गति से बढ़ने की संभावना है।

निधियों की सीधी व्यवस्था

यह भी इलैक्ट्रानिक भुगतान की निधि अन्तरण व्यवस्था है। यह शाखाओं के बीच नहीं चलती। यह व्यवस्था स्विफ्ट से हटकर है। इस व्यवस्था में एक ही मुद्रा में अन्तरण की सुविधा प्रदान होती है।

चिप कार्ड

इस सुविधा के अन्तर्गत ग्राहक को एक विशेष क्रेडिट कार्ड प्रदान किया जाता हैं जिस पर उसका नाम/कोड आदि लिखा होता है। इस कार्ड पर चुम्बकीय विधि से ग्राहक के खाते की रकम लिख दी जाती है। यह संकेत केवल कम्प्यूटर ही पढ़ सकता है।

जब यह कार्ड ग्राहक द्वारा प्रयोग में लाया जाता है तो उस पर उपस्थित रकम घटती चली जाती है। जितनी बार यह कार्ड प्रयोग में लाया जाता है उतनी बार की रकम खाते से घटती जाती है। जब खाते में कोई क्रेडिट नहीं बचता तब कम्प्यूटर कार्ड को बिना अन्तरण के लौटा देता है तथा कार्ड पर पुनः क्रेडिट रकम अंकित कर दी जाती है। इस प्रकार इस सुविधा से ग्राहक सामान इत्यादि खरीद सकते है।

सामान्य संदेश-टेलेक्स-टैलीग्राफ

यह संदेश अन्तरण का पुराना साधन है परन्तु अभी भी लोकप्रिय हैं। जिन स्थानों पर कम्प्यूटर द्वारा प्रदान की जाने वाली सेवाएँ/सेदश/निधि अन्तरण सेवाएँ तथा फैक्स सेवाएँ उपलब्ध नहीं है वहां पर टेलीग्राफ का विशेष महत्त्व है।

आवश्यक संदेश टैलेक्स मशीन में डाल दिया जाता है जो कि टैली संचार लाइनों के द्वारा अपने गन्तव्य पर पहुँच जाता है। इस प्रणाली से शाखाएँ विशेषतः अपने अन्तर-शाखा विषयों को प्रेषित करती है।

स्विफ्ट

स्विफ्ट से तात्पर्य :-

देश विदेश में स्थित बैंक शाखाओं के बीच फंड स्थानांतरण हेतु 1973 में स्विफ्ट का स्थापना की गई। इसका मुख्यालय ब्रुसेल्स में है। यह सदस्य-बैंक शाखाओं के बीच ट्रॉसमिशन नेटवर्क का कार्य करता है। इसके द्वारा संदेश/डेटा स्थानन्तरण बड़ी तीव्रता से होता है। इस समय लगभग 75 देशों के 3,000 से भी अधिक बैंक इस नेटवर्क के सदस्य हैं। इस समय रिजर्व बैंक के अलावा सभी 27 राष्ट्रीयकृत बैंक और विदेशी शाखाएँ इसके सदस्य है।

स्विफ्ट द्वारा विदेश विनिमय, डेबिट/क्रेडिट, ब्याज भुगतान, आदि सूचनाएँ बड़ी आसानी से, तीव्रता से और कम खर्चे में भेजी जा सकती है। स्विफ्ट सेवाएँ वर्ष भर प्रतिदिन चौबीस घंटे उपलब्ध रहती हैं। स्विफ्ट द्वारा फंड विश्व के किसी भी स्थान पर 2 से 10 मिनट में पहुँच जाता है। भारत में इसका क्षेत्रीय प्रोसैसर मुम्बई में है जिसके द्वारा अन्य बैंक जुड़े हैं।

स्विफ्ट द्वारा उपलब्ध सेवाएँ

1. कम खर्चे में सेवा उपलब्ध।

2. देश विदेश की बैंक शाखाओं मे मिनटों में फंड-स्थानातंरण।

3. खाते-शेष की सूचना का स्थानांतरण।

4. वर्ष भर, दिन-रात चौबीस घंटे सुविधा उपलब्ध।

5. विदेश विनिमय, मियादी जमा ब्याज भुगतान, डेबिट/क्रेडिट स्टेटमैन्ट की सूचनाओं का स्थानांतरण।

6. सुरक्षित ट्राँसमिशन। मार्ग में धन चोरी होने का भय नहीं।

स्पष्ट है कि स्विफ्ट का ग्राहक-सेवा में बड़ा योगदान है। जल्दी सूचनाएँ

मिलने से उनकी परेशानियाँ बड़ी जल्दी दूर हो जाती है।

बैंकों में सफलतापूर्वक सोपानों के पश्चात् स्विफ्ट अपनी सेवाएँ अन्य गैर-बैंकिंग क्षेत्रों को भी प्रदान करने की योजना बना रहा है। अतः बैंकिंग सेवाओं के अतिरिक्त स्विफ्ट द्वारा गैर-बैंकिंग सेवाएँ भी लोगों को मिलने लगेंगी। स्विफ्ट की सदस्यता अब ट्रस्टों, ब्रोकरों रजिस्ट्रारों और ट्रॉसंफर एजेंटों को भी मिल सकेगी। अतः स्विफ्ट का सेवा क्षेत्र इससे अधिक हो जाएगा।

स्विफ्ट के दो प्रोजैक्ट हैं :

स्विफ्ट-I, एवं

स्विफ्ट-II।

स्विफ्ट-I पर पड़ने वाले कार्य-दबाव की वजह से स्विफ्ट-II प्रोजैक्ट बनाया गया। स्विफ्ट-II के अतिरिक्त लाभ भी हैं। यह आने वाली/जाने वाली सूचनाओं को पुनः जाँचता है। इसके अतिरिक्त पुराने डेटा को भी बड़ी आसानी से दोबारा लाया जा सकता है। यदि स्विफ्ट-I की कार्यप्रणाली में दोष आ भी जाएं तो स्विफ्ट-I कार्य करता रहता है।

बैंक नैट

बैंक नैट भारतीय बैंकों के लिए राष्ट्रीय स्तर पर पहला नैटवर्क है। इसके दो चरण हैं-बैंक-I, एवं बैंक नैट-II, बैंक नैट-I आजकल प्रभावी है परन्तु बैंक नैट-II बाद में पूरा होगा। मुम्बई, दिल्ली, मद्रास, कलकत्ता, बंगलौर, हैदराबाद, नागपुर बैंक नैट-I से जुड़ें हैं।

भारतीय रिजर्व बैंक, सरकारी क्षेत्र के बैंक, भारतीय बैंक एसोसिएशन, डिस्काऊंट एण्ड फाइनैंस हाऊस ऑफ इंडिया नैट वर्क-II से जुड़ें हैं।

बैंक नैट के कार्य क्षेत्र

1. विदेश विनिमय सम्बन्धित कार्य आसानी से तथा शीघ्रता से सम्भव। विदेशी मुद्राओं की खरीद-बेच से सम्बन्धित मसेल सुगमता से निपटने

में सहायक।

2. बैंकिंग कार्यविधियों के सभी संदेश कोड द्वारा एक से दूसरे शहर में पहुँचाए जा सकते हैं। उदाहरण के लिए, तार द्वारा अन्तरण को 102 कोड़ से प्रेषित किया जाता हैं। इसी प्रकार अन्य क्रियाकलाप भी इन्हीं कोड़ों से जुडें हैं।

3. बैंक नैट द्वारा स्विफ्ट तक, देश के प्रमुख शहरों से बड़ी आसानी से पहुँच।

4. भारतीय रिजर्व बैंक तथा राष्ट्रीयकृत बैंकों के बीच डेटा स्थानांतरण बड़ी आसानी से सुलभ।

5. त्वरित समाशोधन। त्वरित समाशोधन द्वारा ग्राहकों को त्वरित भुगतान सम्भव है।

6. इलैक्ट्रानिक डाक-सेवा में सहायता।

दो-स्तरीय फंड स्थानांतरण

-फेडवायर और बैंकवायर

दो बैंक शाखाओं के बीच फंड अन्तरण कार्य अब कम्प्यूटर नैटवर्क से तीव्रता से निपटाया जाता है। एक शाखा को दूसरी शाखा को डेबिट/क्रेडिट के लिए धन प्रेषित करने की आवश्यकता नहीं और न ही अब अन्तरण के पुराने ढंग अपनाने की आवश्यकता है। यह कार्य कम्प्यूटर नैटवर्क ने बहुत आसान, सस्ता तथा तीव्रता बना दिया है।

फेडवायर

फेडवायर, अमरीका में, फेडरल रिजर्व सिस्टम द्वारा, इसके सदस्य-बैंकों द्वारा उपयोग की जाने वाली प्रणाली है।

इसके द्वारा फेडरल रिजर्व बैंक और अन्य सैकडों बैंक इससे जुड़ें होते हैं। इसके द्वारा कई कम्प्यूटर तथा सैकड़ों टर्मिनल प्रयोग किए जाते हैं।

फेडरल रिजर्व बैंक इसके सदस्यों को मुख्य बैंक पर सूचना प्रेषित करता है। मुख्य बैंक अपनी शाखा को इसी आशय की सूचना देता है तथा ग्राहक का खाता विधिवत् डेबिट/क्रेडिट हो जाता है।

बैंक वायर

बैंक वायर एक सहकारी नेटवर्क है जिसके द्वारा सैकडों बैंक जुड़ें हैं। इस नेटवर्क का मुख्यालय भी अमरीका में है। निजी टर्मिनल, एक बैंक से दूसरे की बैंक फंड-अन्तरण के लिए, प्रयुक्त होते हैं। एक-दूसरे बैंक की शुद्ध क्रेड़िट/डेबिट सूचना फेड़रल बैंक को प्रेषित कर दी जाती है। यह सूचना मात्र एक मुश्त रूप में भेजी जाती है जिससे कई एन्ट्री का झंझट ही समाप्त हो जाता है।

प्वाइंट ऑफ सेल

प्वाइंट ऑफ सेल पद्धति इलैक्ट्रानिक निधि अन्तरण की एक अच्छी सुविधा है जो ग्राहकों के लिए विशेष उपयोगी है। इस प्रणाली के अन्तर्गत बड़े रिटेल शोरूम तथ स्टोर्स में कम्प्यूटर टर्मिनल लगे होते हैं। इस सुविधा में ग्राहकों को बड़ी दुकानों पर नकदी अपने साथ ले जाने की आवश्यकता नहीं होती। ग्राहक को अपने कार्ड की आवश्यकता होती है। वह सामान खरीदने के पश्चात् टर्मिनल पर अपनी परिचय संख्या टाईप करता है। इसके बाद वह नम्बर यदि कम्प्यूटर उचित पाता है तो संकेत देता है। इसके पश्चात् ग्राहक अपना कार्ड कम्प्यूटर में डालता है। कम्प्यूटर कार्ड की भली-भाँति जाँच करता है। कार्ड उचित पाने पर तथा खाते में पर्याप्त रकम की सूचना मिलने पर दुकानदार का खाता क्रेडिट कर देता है तथा ग्राहक का डेबिट हो जाता है।

8

संचार के क्षेत्र में कम्प्यूटर का योगदान

सूचनाएँ प्राप्त करने में संचार का अतीव महत्त्व है। एकल कम्प्यूटर सूचनाओं का संग्रहण, एवं परिष्कारण तो कर ही सकते हैं, साथ ही इनको सुदूर कम्प्यूटरों पर उपलब्ध कराने में भी समर्थ होते हैं। इसके लिए विभिन्न कम्प्यूटरों का तन्त्रण अनिवार्य होता है। तन्त्रण के माध्यम से विभिन्न कम्प्यूटर प्रणालियाँ एक-दूसरे के संसाधनों का उपयोग भी कर सकते हैं। इस प्रकार के तन्त्रण हेतु पाँच प्रकार के माध्यमों का उपयोग किया जाना संभव है-

1. समाक्षी तन्तुवाही 2. प्रकाश संचारी तन्तुवाही,

3. दूरभाष संवर्तित रेखवाही 4. सूक्ष्मतरंगें, तथा

5. संचारी उपग्रह।

इन माध्यमों से कम्प्यूटर प्रणालियाँ निम्नलिखित प्रकार की संचार सुविधाएँ उपलब्ध कराती हैं-

1. वैद्युत्यिक डाक, 2. बहुमाध्यमी सम्मेलन,

3. अभिलेख संचारण, तथा 4. सूचना प्रसार एवं व्यापार।

इनके अतिरिक्त संसाधनों के पारस्परिक उपयोग में दूरस्थ मुद्रकों का

उपयोग, अन्य प्रणालियों की संगणना सक्षमताओं का उपयोग सुदूर कम्प्यूटर प्रणालियों पर उपलब्ध धृति संकलनों का उपयोग सम्मिलित हैं।

कम्प्यूटर प्रणालियों के तन्तण के प्रारम्भ में मेनफ्रेम कम्प्यूटरों के उपयोगार्थ टर्मिनलों को उनसे युग्मित किया जाता था। टर्मिनलों की संख्या में वृद्धि के कारण उनके स्थानीय पृथक तन्त्रण करके उनके गुण्ठ को मेनफ्रेम कम्प्यूटर से तथा इसी प्रकार के अन्य गुण्ठों सें युग्मित किया जाने लगा। इस प्रकार के तन्त्रण को कालांशन अथवा टाइम-शेयरिंग कहा जाता है। बाद में इसी प्रकार के तन्त्रण माइक्रोकम्प्यूटरों के लिये भी किये जाने लगे।

इन सुविधाओं के प्रदान करने में कम्प्यूटर तन्त्र तीन विधाओं-ध्वनि, धृति तथा दृष्ट्य-में से एक अथवा अनेक विधाओं में संचारण करते हैं जिनमें से ध्वनि का अधिकांश संचारण दूरभाष सुविधाओं के माध्यम से हो जाता है जिसमें कम्प्यूटरों के योगदान की आवश्यकता नहीं होती। कम्प्यूटरी सुविधाओं का अधिकांश उपयोग धृति संचारण में किया जा रहा है। कम्प्यूटर उपरोक्ता वृहत् स्तर पर स्थानीय एवं सुदूर कम्प्यूटर उपयोक्ताओं के साथ सूचनाओं का आदान-प्रदान कर रहे हैं।

संचार सम्माप

बॉड रेट

धृति संचारण प्रायः अक्षरों पर आधारित होता है। प्रत्येक अक्षर में 10 द्विंक होते हैं जिनमें से 7 आस्की कूट के द्विंक, एक साम्य अथवा पैरिटी द्विंक, तथा दो अक्षर का आदि एवं अन्त निर्धारक द्विंक होते हैं। ये 10 द्विंक सदा आसन रहते हैं।

धृति संचारण के वेग का मापन एक सैकण्ड में प्रवाहित द्विंको की संख्या के रूप में किया जाता है। इस संख्या बॉड दर कहा जाता है। अक्षरों की प्रवह दर के सापेक्ष यह दर एक सैकण्ड में प्रवहित अक्षरों की संख्या की दशगुणित होती है।

प्रोटोकौल अथवा आचार संहिता

धृति संचारण में सर्व प्रमुख आवश्यकता यह होती है कि सम्बद्ध की जाने वाली कम्प्यूटर प्रणालियाँ एक ही भाषा में संवाद करें। कम्प्यूटर तर्कीय भाषा में इसे प्रोटोकौल अथवा आचार संहिता कहा जाता है जिसका अर्थ यथावस्तु एवं परावस्तु सम्बन्धी उन नियमों से है जो धृतियों की समुचित सुरक्षा एवं संरक्षा करते हुए संवाद स्थापित करने में अपनाये जाते हैं इस प्रकार की अनेक आचार संहिताएँ प्रचलन में हैं जो संचार श्रृंखला के प्रत्येक अवयव जैसे तन्तुवाहियाँ, उनके सम्बद्धक, पैकेट आकार प्रकार आदि का निर्धारण करती हैं।

संकालिक एवं असंकालिक संप्रेक्षण

असंकालिक संप्रेक्षण में अक्षरों के मध्यान्तर काल स्थिर नहीं रहते। इसे प्रायः वहाँ अपनाया जाता है जहाँ धृतियों को टंकण के साथ-साथ संप्रेषित करना होता है। इसमें रेखवाही के समय का सदुपयोग नहीं होता, अतः वहीं अपनाया जाता है जहाँ इसका मूल्य चुकाना नहीं पड़ता।

संकालिक संप्रेषण में धृतियों को एकत्र करके उन्हें समुचित एवं सम्मान राशियों में विभाजित किया जाता है। प्रत्येक राशि को एक पैकेट कहा जाता है जो संचारण में पैकेट स्विचिंग एक्सचेंजों से होकर प्रवाहित होती हैं। प्रत्येक एक्सचेंज पर पैकेटों की जाँच होती है। इसमें धृति संचार तीव्र होता है तथा रेखवाही के समय में बचत के कारण उसका कम मूल्य देय होता है। सिंक्रोनस डेटा कण्ट्रोल, हाई लेवल डेटा लिंक कण्ट्रोल दो बहुप्रचलित संकालिक संचार की आचार संहिताएँ हैं।

संचार दिशा सामर्थ्य

एक रेखवाही पर एक ही समय पर धृति संचार दो प्रकार से संभव है-एकदिशी तथा द्विदिशी, जिन्हे क्रमशः हाफ डुप्लेक्स तथा फुल डुप्लेक्स कहा जाता है। असंकालिक संचारण में दोनों पद्धतियाँ अपनायी जाती हैं जबकि संकालिक संचारण में मात्र एकदिशी पद्धति अपनायी

जाती है।

द्विदिशी पद्धति में एक ही समय पर दोनों दिशाओं में संकेत प्रवाहित होते हैं। दोनों ओर के संकेतों का अस्तित्व पृथक बनाये रखने हेतु दोनों की संवाहक क्रम्यता भिन्न रखी जाती है। संकालिक संचारण में धृति प्रवाह वेग अति उच्च होने के कारण रेखवाही सकल क्रम्यता पाट सामर्थ्य की आवश्यकता होती है, अतः इसमें द्विदिशी संचारण संभव नहीं हो पाता।

संचार साधन

मोडम

मोडम शब्द मोडयूलेशन-डिमोयूलेशन का संक्षेप है। मोडयूलेशन एक परिष्कृति है जिसमें अंकीय धृति संकेतों को एक संवाही तरंग पर अधिरोपित करके सतत् एनालॅग तरंग में परिवर्तित किया जाता है जिससे कि उनका संचार दूरभाष के साधारण रेखवाहियों के माध्यम से हो सके। इसके विपरीत डिमोल्यूलेशन परिष्कृति संकेतों से अंकीय धृति संकेतों को पुनः प्राप्त करना है। अतः प्रेषक तथा प्रापक दोनों कम्प्यूटर प्रणालियों को एक-एक मोडम की आवश्यकता होती है।

नेटवर्क संवप्राक्ष पत्रक

कम्प्यूटर प्रणालियों के अन्तर्गत अंकीय संकेत समालम्बी रूप में प्रवाहित होते हैं ताकि प्रणाली शीघ्रतापूर्वक कार्य कर सके। किन्तु दूरभाष रेखवाही केवल एक चालक युगल के होते हैं अतः वे एक समय पर केवल एक संकेत को ही प्रभावित कर सकते हैं। अतः कम्प्यूटर प्रणाली को दूरभाष तन्त्र से सम्बन्धित करने हेतु कम्प्यूटर प्रणाली में जनित संकेतों को परालम्बी रूप में व्यवस्थित करना आवश्यक होता है। संकेतों की व्यवस्था का यह परिवर्तन तन्त्र संवप्राक्ष पत्रक पर स्थित एक चिप्पी करती है। मोडम का सम्बद्ध एक विशेष तन्तुवाही द्वारा कम्प्यूटर के मातृपटल के एक खंच में अवस्थित इसी नेटवर्क इण्टरफेस पत्रक से होता है। इस पत्रक को समुचित क्रियामाण करने हेतु कम्प्यूटर प्रणाली

में इसके प्रक्रम के माध्यम से इसका संस्थापित करना होता है।

कम्प्यूटर प्रणाली का संचार एक संयमन एक विशेष संचार प्रक्रम द्वारा किया जाता है जिसको भी प्रणाली पर संस्थापित करना आवश्यक होता हैं।

आर एस-232-सी संवर्प्राक्ष

यह अमेरिकन वैद्युत्यिक उद्योग की परालम्बी संकेत प्रवाह हेतु सम्बद्धन की अभीष्ट विशिष्ट है जिसके अनुसार तन्तुवाही सम्बद्धकों का अभिकेत निर्धारित है। कम्प्यूटर को संचार तन्त्र से सम्बन्द्धित करने हेतु बहुधा इसी अभिष्ट विशिष्ट का उपयोग किया जाता है। इसके सम्बद्धक में 25 कुशों का प्रावधान है।

बेसबैण्ड तथा ब्रोडबैण्ड टैक्रोलॉजीज

सरल शब्दों में 64 किलोबिटरप्रति सैकण्ड की सीमा से न्यून वेग पर धृति संचारण करने वाले/तर्कशास्त्र को बेसबैण्ड तथा इससे उच्च वेग पर धृति संचारण कर सकने वाले तर्कशास्त्र को ब्रोडबैण्ड कहा जाता है। तर्कीय भाषा में एक ही रेखवाही पर एक साथ अनेक चैनलों में धृति संचारण को ब्रोडबैण्ड तरीका कहा जाता हैं।

बेसबैण्ड

इस तरीकें में छोटी दूरियों के लिये उच्च वेग से धृति संचार होता है। इसमें एक धृति बद्धनाल अर्थात चैनल में एक समय में एक ही धृति संयुक्त का संचारण होता है। किन्तु एक संकुल उच्च वेग के कारण अति न्यून अवधि के लिये ही बद्धनाल अथार्त् चैनल का उपयोग कराता है। इस कारण अति न्यून अवधि के लिए ही बद्धनाल अर्थात् चैनल का उपयोग करता है। इस कारण एक ही बद्धनाल के माध्यम से अनेक स्रोत्रों से धृतिसंकुलों को संचारित किया जा सकता है, प्रत्येक संकुल एक कालांश के लिए ही बद्धनाल में उपस्थित रहता है। इससे अनेक उपयोक्ताओं को अनेक वांछित धृतियाँ एक साथ प्राप्त होती रहती हैं।

धृति संचारण की इस विधा को कालांशन मल्टीप्लैक्सिंग अथवा टाइम शेयरिंग मल्टीप्लैक्सिंग कहा जाता है।

ब्रोडबैण्ड

इस तरीके में धृति संचारण एक अन्य संवाही संकेत को मोडयूलेट करके किया जाता है अतः इसके लिये मोडम की आवश्यकता होती है। एक मोडम का क्रम्यता आसार विशाल होता है इससे यह एक ही समय पर विविध क्रम्यताओं के अनेक धृति संवाही संकेतों का संचारण कर सकता है। जिससे अनेक धृतियों का समालम्बी संचारण संभव हो जाता है। इनमें श्रव्य, दृष्ट्य, व धृति संकेत हो सकते हैं।

ब्रोडबैण्ड तर्कशास्त्र का अभी प्रचलित साधन आई.एस.डी.एन. है। ब्रोडबैण्ड तर्कशास्त्र एकदिशी अथवा द्विदिशी हो सकते हैं। एकदिशी तरीके अति उच्च वेग पर धृति संप्रेक्षण करते हैं तथा प्रापक के प्रत्युत्तर हेतु कोई अन्य साधन, जैसे दूरभाष रेखवाही आदि, का उपयोग करते हैं। इन तरीकों में कृत्रिम उपग्रह सम्मिलित हैं, जबकि तन्तुवाही, तथा डिजिटल सब्सक्राइबर लाइन–डी.एस.एल. द्विदिशाी संचारण के नवीनतम साधन हैं।

इण्टीग्रेटिड सर्विसिज डिजिटल नेटवर्क

आई.एस.डी.एन. व्यवस्था

दूरभाष का विकासीय इतिहास एनालॉग संकेतों पर आधारित रहा है। इसका प्रभाव बाद के विकास पर भी पड़ा जब अंकीय तर्कशास्त्र का विकास हुआ तथा इसका उपयोग दूरभाष यन्त्रों में किया जाने लगा। उस समय यन्त्र में जनित अंकीय संकेतों को संचारित करने हेतु एनालॉग संकेतों में परिवर्तित किया जाने लगा। इसी प्रभाव में अंकीय धृतियों का संचारण भी एनालॉग स्वरूप में किया जाने लगा जो एक अनावश्यक गतिविधि सिद्ध हुई क्योंकि अंकीय धृतियों का संचारण उच्च गति पर अंकीय स्वरूप में भी किया जा सकता है। अंकीय संचारण की नयी पद्धति का नाम इण्टीग्रेअिड सर्विसिज डिजिटल नेटवर्क अर्थात् संघ टित

सेवा अंकीय तन्त्र दिया गया। संघ टित सेवा अंकीय तन्त्र में मोडम आदि के माध्यम से सम्बद्धन की आवश्यकता नहीं रहती, इसके स्थान पर एक उच्च गति का अंकीय सम्बद्धन होता है। इस सेवा के अन्तर्गत ग्राहक को संचार हेतु प्रत्येक दिशा में तीन चैनल प्रदान किये जाते हैं जिनमें से दो 64 किलोविट प्रति सै. पर स्वर तथा धृति संचारण, तथा एक 16 किलोबिट प्रति सै. का धृति संयमन हेतु होते हैं। स्वर संचार चैनल को बी-1, धृति संचार चैनल को बी-2, तथा धृति संयमन चैनल को डी चैनल कहा जाता है।

संचार सामग्री को अन्य फ्रेमिंग बिटों के साथ 48 बिट के पैकेटों में संगठित किया जाता है जिनमें 12 द्विंक फ्रेमिंग, क्रियवाणन, एवं डी.सी. सन्तुलन हेतु होते हैं।

केबिल-मोडम अथवा तन्तुवाही-मोडम व्यवस्था

समाक्षी तन्तुवाही तथा मोडम के माध्यम से संवर्तित रेखवाहियों की तुलना में 5.5 गुणित दर से द्विदिशी धृति संचारण संभव है। अनके निजी उपक्रम इस प्रकार की व्यवस्था संचारण केन्द्रों की उपलब्ध कराती हैं। इस प्रकार की व्यवस्था से जटिल श्रच्य, दृष्ट्य, आदि धृति संचिकायें बड़े तीव्र वेग से संचारित की जा सकती हैं। आई.एस.डी.एन. तन्त्र की तुलना में यह व्यवस्था लगभाग 60 गुणित वेग से धृति संचारण करती हैं। इण्टरनेट अभिगमन हेतु एक उत्तम व्यवस्था है।

अंकीय उपचयी रेखवाही अथा डिजिटल सब्सक्राइबर लाइन-डी. एस.एल.

इस व्यवस्था में उपचयी को उसके उपयोगार्थ विशाल कम्प्यूटर तन्त्र, जैसे इण्टरनेट, से धृति संचारण अपनी कम्प्यूटर प्रणाली को सम्बद्धित करने हेतु एक ताम्रमार की रेखवाही प्रदान की जाती है जो दूरभाष रेखवाही के अतिरिक्त होती है। इसमें धृति संचारण अति तीव्र वेग से होता है जिससे समय तथा धन की बचत होती है। इसके साथ ही मोडम,

आदि अव्यय भी उपयोग में लिये जाते हैं। यह व्यवस्था उन उपचयों की सस्ती पड़ती है जिनको अधिकांश समय धृति संचारण करना होता है। इससे उपचयी को अपनी क्रम्यतापाट अभिवृद्धित करने की भी सुविधा रहती है।

तन्त्रण वर्गीकरण

दूरी के सापेक्ष कम्प्यूटरों के तन्त्रण के तीन स्वरूप हैं-यथास्थ आक्षेत तन्त्रण, नगर आक्षेत्र तन्त्रण, तथा वृहत् आक्षेत तन्त्रण। एक ही भवन अथवा भवन समूह में स्थित कम्प्यूटरों के तन्खण हेतु यथास्थ आक्षेत्र तन्त्रण प्रणाली अपनायी जाती है, 50 कि.मी के नगरीय क्षेत्र में नगर आक्षेत्र तन्त्रण प्रणाली, तथा इससे अधिक सुदूर कम्प्यूटरों के तन्त्रण हेतु वृहत् आक्षेत्र तन्त्रण प्रणाली अपनायी जाती है। तीनों की यथावस्तु तथा परावस्तु व्यवस्थाएँ पृथु प्रकार की होती हैं।

यथास्थ आक्षेत्र तन्त्र अथवा लोकल एरिया नेटवर्क-लैन

संचारण दूरी सामान्यत: 20-30 मीटर एवं अधिकतम 1 कि.मी. तक सीमित होने के कारण यथास्थ आक्षेत्र तन्त्र में धृतियों का संचारण समालम्बी होता है ताकि पर्याप्त वेग प्राप्त हो सके जो 1 से 1000 मैगाबिट प्रति सैकण्ड के मध्य रहता है। एक लैन व्यवस्था में 18 से 1000 तक की संख्या में अव्यव सम्बद्धित किये जा सकते हैं।

यथास्थधृति संचारण में तीन प्रकार की तन्तुवाहियाँ उपयोग में ली जाती हैं-दूरभाष

रेखवाहियों की भाँति वेष्टि तार युगल अथवा ट्विस्टिड वायर पेयर, समाक्षी तन्तुवाही, तथा प्रकाश संचारी तन्तुवाही। इनकी संचारण क्रम्यता पाट तथा मूल्य भिन्न-भिन्न हैं। क्रम्यता पाट अथवा फ्रीकैन्सी बैण्डविड्थ का अर्थ संचार वाहिनी का अधिकतक क्रम्यता आसार है जिसमें वह संचार में समर्थ सिद्ध होता है। संचार वाहिनी का पाट जितना अधिक होगा वह उतना ही अधिक समर्थ माना जाता है। इसकी मापन इकाई

चक्र प्रति सैकण्ड अथवा हर्ट्ज है। उपरोक्त तीनों वाहियों में प्रकाश संचारी सर्वोत्तम है किन्तु सर्वाधिक मूल्यवान है।

यथास्थ आक्षेत्र में दो प्रकार के क्रम्यता पार्टी–बेसबैण्ड तथा ब्रोसबैण्ड–को धृति संचारण हेतु उपयोग किया जाता है।

वृहत् आक्षेत्र तन्त्र अथवा वाइड एरिया नेटवर्क-वैन

इस प्रकार के तन्त्रों के संचारण वेग तथा क्षमताएँ लैन की तुलना में न्यून होते हैं अत: धृति संचारण धीमी गति से होता है। ये तन्त्र आक्षेत्र की विशालता एवं अपनी आवश्यकतानुसार धृति संचारण हेतु दूरभाष संवर्त रेखवाहियों के साथ–साथ सूक्ष्म तंरगों के रूप में संचारण हेतु उपग्रह केन्द्रों का भी उपयोग करते हैं जो उच्च वेग पर कार्य करते हैं। उपग्रहों के उपयोग के लिये संवर्त रेखवाहियों को रिले मीनारों से सम्बद्धित कर दिया जाता है जो संकेतों को प्राप्त करके आवृद्धित करती हैं तथा सूक्ष्म तरंगों में सम्परिवर्तित करके अन्य मीनारों को पुन: प्रेषित करती हैं। जहाँ दूरियाँ इतनी अधिक होती हैं कि पृथ्वी के गोल धरातल के कारण ऋतु रेखीय संचारण से गतव्य तक संकेत संचारित नहीं किये जा सकते, वहां क्रत्रिम उपग्रहों को तरंग परावर्तक के रूप में उपयोग में लाया जाता हैं।

विश्व, महाद्वीप, एवं राष्ट्र स्तरों एवं अनेक वैन कार्यरत हैं जिनमें इण्टरनेट सर्वाधिक लोकप्रिय है। इसके अतिरिक्त विविध विषयों की सूचनाओं पर केन्द्रित अनेक वैनों का आयोजन किया गया है जो विशेषकर शिक्षण एवं अनुसंधान संस्थानों मे परस्परिक सूचना व्यापार की सुविधा प्रदान करते हैं। इसी प्रकार विश्व के वित्तिय विपणि वैनों के माध्यम से अपना व्यापार चला रहे हैं। भारत में राष्ट्रीय सूचना केन्द्र के वैन निकनेट के माध्यम से सर्वकारी प्रशासन में सुविधा हेतु सभी जनपद मुख्यालयों को सम्बद्धित कर दिया गया है।

नागर आक्षेत्र तन्त्रण अथवा मैट्रोपोलिटान एरिया नेटवर्क-मैन

यह व्यवस्था लैन एवं वैन के मध्यस्थ व्यस्था है। इसमें भी परालम्बी

धृति संचारण होता है। ब्रिज तथा गेटवे तन्त्र व्यवस्थाओं के कारण इस वर्ग का विशिष्ट विकास नहीं हुआ है।

ब्रिज तथा गेटवे नेटवर्किंग

एक जैसी आचार संहिता का पालन करने वाले यथास्थ तन्त्रों के गुण्ठों को परस्पर सम्बद्धित सरलता से किया है, इसमें किसी प्रकार के धृति स्वरूप में सम्परिवर्तन की आवश्यकता नहीं होती। इस प्रकार के सम्बन्द्ध को सेतु अथवा ब्रिज कहा जाता हैं

दो भिन्न आचार संहिताओं का पालन करने वाले यथास्थ आक्षेत्र तन्त्रों के पारस्परिक सम्बद्धन में सम्बद्धक गुण्ठ पर धृति स्वरूप में सम्परिवर्तन की आवश्यकता होती है। इस प्रकार के सम्बद्धन को कपाटमार्ग अथवा गेटवे कहा जाता है।

यथास्थ तन्त्र वृहत् तन्त्र से सम्बद्धित करने हेतु भी कपाटमार्ग की आवश्यकता होती है। इसी प्रकार दो वृहत् तन्त्रों के पारस्परिक सम्बद्धन में भी कपाटमार्गों का उपयोग किया जाता है जिससे वृहत्तर तन्त्रों का निर्माण होता है।

सेतु तथ कपाटमार्ग दोनों ही व्यवस्थाओं में सम्बद्धित तन्त्रों का एक बड़ा तन्त्र बन जाता है, साथ ही एकल तन्त्रों की कार्यप्रणाली एवं स्वायत्तता यथावत् बनी रहती है।

पैकेट स्विच्ड नेटवर्क

पैकेट स्विच्ड नेटवर्क दूरभाष एक्सचेंजों की भांति धृति संचारण हेतु कार्य करते हैं। धृति संचारण एवं स्वर संचारण में एक बड़ा अन्तर यह है कि वार्तालाप के स्वरों का आदान-प्रदान तत्काल होना आवश्यक होता है जबकि धृति संचारण एक समय पर एक एकदिशी होने के कारण तत्काल संप्रेषण की आवश्यकता नहीं होती। इसे अन्य धृतियों के साथ गन्तव्य स्थल को संप्रेषित किया जा सकता है। इस कारण से वार्तालाप करने का मूल्य रेखवाही के व्यस्त रखने के अनुपात में होता है चाहे इस

अवधि में कोई वार्तालाप हुआ हो अथवा नहीं। धृति संचारण का मूल्य धृति के आकार से निर्धारित होता है क्योंकि इसका संचारण समगति से होता है।

पैकेट स्विचिंग नेटवर्क निजी व्यवसाय के रूप में सार्वजनिक सेवा के रूप में संचालित किये जाते हैं, जिनके अनेक स्थलों पर ग्राहक सेवा केन्द्र कार्यरत रहते हैं। इस प्रकार के तन्त्रों का सम्बद्ध अन्य यथास्थ, राष्टीय एवं संर्वार्राष्ट्रीय तन्त्रों से होता है।

9

शब्दावली
(Glossary)

ABIOS = ADVANCED BASIC INPUT OUTPUT SYSTEM

अभ्याग्रित आधारभूत अन्तर्पातन बहिर्पातन प्रणाली

आई.बी.एम. पी एस-2 कम्प्यूटरों में सन्निहित प्रपादन प्रक्रम

ACK = ACKNOWLEDGEMENT

अनुज्ञाप

धृति संचार व्यवस्था में प्रत्येक धृति संविष्ट के अच्छी तरह प्राप्त करने पर प्रापक प्रणाली द्वारा दिया जाने वाला संकेत, जिसके हेतु प्रायः आस्की 06 कूट का उपयोग किया जाता है।

ADC = ANALOG TO DIGITAL CONVERTER

अनुवर्ती से अंकीय सम्परिवर्तक

अनुवर्ती संकेतों को समतुल्य अंकीय संकेतों में सम्परिवर्तित करने हेतु अव्यव

AI = ARTIFICIAL INTELLIGENCE

कृत्रिम बुद्धिवृत्ति

कम्प्यूटर विज्ञान का वह विभाग जिसमें कम्प्यूटरों के मानवीय बुद्धि की तरह कार्य का अध्ययन किया जाता है।

ALU = ARITHMETIC AND LOGIC UNIT

अंकगणित तथा शास्त एकक्

सम्पादयित्र के परिष्कारक का एक महत्त्वपूर्ण अव्यव जो सम्पादयित्र कार्यों को सम्पन्न करने हेतु बार-बार योग की क्रियाएँ करके उन्हें आगे ढ़ाता है।

ANSI = AMERICAN NATIONAL STANDARDS INSTITUTE

अमेरिकी नेशनल स्टैण्डर्ड्स इन्स्टीच्यूट

अमेरिका की अभीष्टीकरण के क्षेत्र में कार्यरत संस्थान परिचारण प्रणाली की वे सुविधाएँ जो उपादयन प्रक्रम द्वारा उपयोग होती है।

API = APPLICATION PROGRAM INTERFACE

उपादयन प्रक्रम संवर्प्राक्ष

परिचारण प्रणाली की वे सुविधाएँ जो उपादयन प्रक्रम द्वारा उपयोज्य होती है।

ASCII = AMERICAN STD. CODE FOR INFO. INTERCHANGE

सूचना प्रत्यावर्तन का अमेरिका अभीष्ट कूट

विश्व प्रचलित कूट जिसमें विभिन्न आँग्ल अक्षरों एवं कम्प्यूटर संयमन के अभीष्ट द्विअंकी संकेत कूट निर्धारित हैं।

BASIC = BEGINNER'S ALL-PROPOSE SYMBOLIC INSTN. CODE

नवशिक्षुओं हेतु सर्वोद्देश्यीय सांकेतिक उपदेश कूट

एक प्राचीन प्रक्रमण भाषा जो अब मात्र शैक्षणिक महत्त्व की रह गयी हैं।

BCD = BINARY-CODED DECIMAL

द्विअंकी-कूटित दशमलवी संख्या

संख्या प्रस्तुति को एक पद्धति जिसमें दशमलवी संख्या के प्रत्येक अंक को चार अंकों की द्विअंकी संख्या से विस्थापित कर दिया जाता है।

BPI = BITS PER INCH

द्विंक प्रति इंच

धृति संग्रहण हेतु उपर्युक्त चुम्बकीय फीत अथवा चकती की लीक की प्रति इंच की लम्बाई पर अंकित द्विंकों की संख्या। यह धृति घनत्व का द्योतक है।

BPS = BITS PER SECOND

द्विंक प्रति सैकण्ड

कम्प्यूटर प्रणाली के किसी विशिष्ट बिन्दु से धृति प्रवाह हेतु द्विंकों की संख्या जो प्रत्येक सैकण्ड में प्रवाहित होती हैं। इससे सम्पादयित्र का वेग निर्धारित होता है।

C = C

सी

एक बहुउद्देशीय उच्च स्तरीय प्रक्रमण भाषा।

C++ = C PLUS PLUS

सी++

कम्प्यूटरी प्रक्रमण भाषा सी का उच्चीकृत स्वरूप।

CCITT = COMITTE CONSULTIF INTL. DE TELEPHONIC DE TELEGRAPHIC

संवर्राष्ट्रीय दूरसंचार हैतुक परामर्शदात्री समिति

जेनेवा स्थित संगठन जो संवर्राष्ट्रीय स्तर पर सूचना संचारण उपस्करों, प्रणालियों एव तन्त्रों के अभीष्टीकरण को समर्पित है।

CD-ROM = COMPACT DISK-READY ONLY MEMORY

सम्पुट चकती स्मृति कोष

सम्पुट चकती पर लेखन क्रिया की व्यवस्था दुष्कर है अतः अधिकतर कम्प्यूटर प्रणालियाँ इनका उपयोग मात्र धृति पठन हेतु करती हैं। अतः इन चकतियों को इस नाम से जाना जाता है।

CGA = COLOR/GRAPHICS ADAPTER

वर्ण-अनुचित्र अनुकूलित्र

सम्पादयित्र के प्रेषक को संयमित करने वाला एक प्रकार का अनुकूलक पत्रक।

CISC = COMPLEX INSTRUCTION SET COMPUTING

जटिल उपदेश स्थूण सम्पादयन

अभियोजना भाषा के 200 से 300 तक की संख्या में उपदेशों का उपयोग कर सकने में समर्थ सम्पदयित्र की कार्य प्रणाली का जटिल उपदेश स्थूण सम्पादन कहते हैं। यह कुछ विशेष परिष्कारकों के उपयोग से ही सम्पन्न हो जाता है।

CMOS = COMPEMENTRY MENTAL-OXIDE SEMICONDUCTOR

सम्पूरक धातु-ऑक्साइड अर्धचालक

सामान्यत: सीमॉस शब्द एक प्रकार के संघटित परिपथ युक्त चिप्पी के लिए उपर्युक्त किया जाता है जिनका उपयोग सम्पादयित्र परिष्कारक तथा स्मृति चिप्पियों की संरचना में होता है। इसमें एककों के सम्पूरक युगल होते हैं। इस शब्द का विशेष उपयोग उस प्रक्रम्य स्मृति कोष चिप्पी के लिए भी किया जाता है जिसमें सम्पादयित्र का स्थापन प्रक्रम संग्रहीत होता है तथा बायोस भी कहा जाता है।

CMY = CYAN-MAGENTA-YELLOW

नीलिम-जम्बुक-पीत

सम्पादयित्रों में दृश्यध हेतु वर्ण व्यवस्था के तीन मूल वर्ण

CPS = CHARACTER PER SECOND

अक्षर प्रति सैकण्ड

कम्प्यूटर प्रणाली के किसी विशिष्ट बिन्दु से धृति प्रवाह हेतु अक्षरों की संख्या जो प्रत्येक सैकण्ड में प्रवाहित होती हैं। इससे सम्पादयित्र का वेग निर्धारित होता है।

CRC = CYCLIC REDUNDANCY CHECK

चक्रीय निष्क्रियता ईक्षण

सम्पादयित्र प्रणालियों के मध्यस्थ सूचना संवाद के सुचालन हेतु परीक्षण व्यवस्था।

CTS = CLEAR TO SEND

प्रेषण अनुमत

धृति संचारण में प्रापक अव्यव के धृति प्राप्ति हेतुत कटिबद्ध हो जाने पर उसके द्वार संप्रेषक अव्यव को भेजा जाने वाला संकेत, जिसके पश्चात् वास्तविक धृति संचारण होता है।

DAC = DIGITAL TO ANALOG CONVERTER

अंकीय से अनुवर्ती सम्परिवर्तक

अंकीष संकेतों को समतुलय अनुवर्ती संकेतों में सम्परिवर्तमन करने हेतु अव्यव।

DBMS = DATABASE MANAGEMENT SYSTEM

धृतिसंकुल श्रमावधान प्रणाली

धृतिसंकूल को उसके वांछित स्वरूपों के श्रमावधान में समर्थ उपादगी प्रक्रम, जो सूचनाओं को अंशों में परिष्कृति न करके उनके पूर्ण रूप से ही परिष्कारित करता हैं **DDE** = DYNAMIC DATA EXCHANGE

गतित धृति व्यवहार

दो या अधिक सक्रिय प्रक्रमों के मध्य सूचनाआरें के अन्तरण। विण्डोज, मॅकिन्तोष सिस्टम-7, ओ एस-2, आदि प्रक्रमों मे इस प्रकार के व्यवहार के प्रावधान हैं।

DES = DATA ENCRYPTION STANDARD

धृति छद्मकूअन अभीष्टि

अनेक धृतियों का गुप्त रखने हेतु उन्हें इस प्रकार का स्वरूप प्रदान किया जाता है कि बिना विशेष प्रक्रम के उन्हें न पढ़ा जा सके। इस विशेष स्वरूप को यू.एस. नेशनल ब्यूरो ऑफ स्टैण्डर्ड्स ने तैयार किया है तथा

इसका उपयोग अमेरिकी राष्ट्रीय सुरक्षा अभिकरण द्वारा किया जा रहा है।

DIP = DUAL-IN-LINE PACKAGE

दुहरी-पंक्ति बद्ध आवेष्ट

संघटित परिपथ चिप्पियों की बाह्य आकृति, जिसमें परिपथ के बाह्य सम्बद्धक कुश दो समालम्बी पंक्तियों में नियोजित होते हैं।

DP = DATA PROCESSING

धृति परिष्कृतन

धृतियों को सम्परिवर्तित, संगठित, संगणित, सम्पादित, संकलित आदि क्रियाएँ कर वांछित स्वरूप में लाने की पद्धति को धृति परिष्तन अथवा धृति परिष्कारण कहा जाता है।

DRAM = DYNAMIC RANDOM ACCESS MEMORY

गतित स्मृति पटल

सम्पादयित्र की मुख्य स्मृति का एक प्रकार जिसमें धृति द्विंको को धरित्रों पर आवेश के रूप में संग्रहित किया जाता है। यह अपनी प्रतिपक्षी स्मृति स्थैतिक स्मृति से सस्ती है, किन्तु धीमे वगे से क्रियावान होती है।

DSR = DATA SET READY

धृति स्थूण प्रतिबद्ध

धृति संचारण में उपरोज्य एक संकेत जो संचार उपस्कर स्थूण के प्रतिबद्ध होने को इंगित करता है।

DTP = DESK TOP PUBLISHING

सम्पादयित्री प्रकाशन व्यवस्था

सम्पादियत्रों के उपयोग से मुद्रण हेतु विषयवस्तु की अन्तिम प्रस्तुति सरल, सस्ती, सुविधापूर्वक, तथा अधिक संवेदी हो गयी है जिसे मात्र एक मेज पर संगठित व्यवस्था से सम्पन्न किया जाता है। इस व्यवस्था को सम्पादयित्री प्रकाशन व्यवस्था कहा जाता है।

DTR = DATA TERMINAL READY

धृति नियन्त प्रतिबद्ध

धृति संचारण में उपरोज्य एक संकेत जो संचार नियन्त के प्रतिबद्ध होने को इंगित करता है।

EEMS = ENHANCED EXPANDED MEMORY SPECIFICATION

संवर्धित विस्तारित स्मृति विशिष्ट

लोटस-इण्टेल-माइक्रोसॉफट कम्पनियों द्वारा विकसित मूल विस्तारित स्मृति विशिष्ट लिम ई एम एस का संवर्धित स्वरूप।

EGA = ENHANCED GRAPHICS ADAPTER

संवर्धित अनुचित्र अनुकूलित्र

एक मध्यम स्तर की प्रेखक संयमक जो अब लुप्तप्राय: है।

EISA = ENHANCED INDUSTRY STANDARD ARCHITECTURE

संवर्धित उद्योगीय अभीष्ट आरचना

अमेरिकी सम्पादयित्र उद्योग द्वारा विकसित सम्पादयित्र संयुज्जी की मूल आरचना का संवर्धित स्वरूप जो अब सम्पादयित्र श्रमोत्पादन में प्रचलित है।

EMM = EXTENDED MEMORY MANAGER

व्यालम्बित स्मृति सांगोपदित्र

सम्पादयित्र की परिचारण प्रणाली डॉस केवल 640 किलोवाइट स्मृति का उपयोग कर सकती है। इससे अतिरिक्त स्मृति आक्षेत्र का व्यालम्बित स्मृति के रूप में उपयोग करा सकने वाले प्रक्रम को व्यालम्बित स्मृति सांगोपादित कहा जाता है। डॉस तथा विण्डोज प्रणालियों में इस प्रक्रम का नाम ई एम एम 386 है जो एक अधिदेशिक संचिका है।

EMS = EXPANDED MEMORY SPECIFICATION

विस्तारित स्मृति विशिष्ट

विस्तारित स्मृति श्रमावधान विशिष्ट लिम ई एम एस का संक्षिप्त नाम।

EOF = END OF FILE

संचिका इति

संचिका की इति का संकेत जिसके लिए आस्की कूट 26 का उपयोग किया जाता है।

EPROM = ERASABLE PROGRAMMABLE READ-ONLY MEMORY

मार्जनय प्राक्रम्य स्मृति कोष

एक विशेष प्रकार की धृति संरचित स्मृति चिप्पी जिसकी धृतियों को पराजम्बु किरणों से परिवर्तित किया जा सकता है।

ESDI = ENHANCED SMALL DEVICE INTERFACE

संवर्धित लघु अव्यव संवप्राक्ष

अपनेयी एवं स्थायी चकतियों तथा फीत संचालियों के संवप्राक्षन की अभीष्ट विशिष्ट जो 10 से 20 मैं.बा. प्रति सै. पर धृति अन्तरण में समर्थ है। इसे बड़ी स्थायी चकती संचालियों के लिये उपयुक्त किया जाता है।

EXE = EXECUTION

अनुपालन

प्रक्रमों की मुख्य क्रियात्मक संचिका के उपनाम हेतु प्रतिरक्षित शब्द। इस उपनाम की सभी संचिकाएँ अधिदेषिक होती हैं।

FDD = FLOPPY DISK DRIVE

अपनेयी चकती संचाली

अपनेयी चकतियों के सम्पादयित्र द्वारा उपयोगार्थ उसकी केन्द्रीय परिष्कृत एकक पेटिका में अवस्थित संचालन यन्त्र जिसमें चकती हो आवश्यकतानुसार लगाया अथवा निकला जा सकता है। वर्तमान में 1.2 तथा 1.44 मैं.बा. की चकती संचालियाँ प्रचलित हैं।

FILO = FIRST-IN, LAST-OUT

आगमन-व्युत्क्रमिक बहिर्गमन

पंक्तिबद्ध अस्तियों के चलन की एक विधि जिसमें आगमन व गमन क्रम

एक दूसरे के प्रतिलोमी रहते हैं। सम्पादयित्र तन्त्रों में धृति संखर की भी यह एक विधि है।

G = GIGA

गीगा

एक सांख्यिक गुणक, 1 गीगा–10^9

GB = GIGA BYTE

गीगा अंकाष्टी

1000 मैगाबाइट = 2^{30} अंकाष्टी धृति परिमाण।

GKS = GRPAHICS KERNEL SYSTEM

अनुचित्र सत्त्व प्रणाली

सम्पादयित्री अनुचित्रों के प्रक्रमों में वर्णन, संग्रहण, परिवर्तन, एवं अन्तरण के बारे में संवर्राष्ट्रीय मान्यता प्राप्त अभीष्ट प्रणाली।

GUI = GRPAHICS USER INTERFACE

अनुचित्र-उपयोक्ता संवर्प्राक्ष

यह समपादयित्र उपयोक्ता को अधिदेश देने में सहायक पद्धति है जिसमें उपयोक्ता अनेंक चित्रों में से एक चित्र को चुनकर अपना वांछित अधिदेश देता है। परिचारण प्रणाली विण्डोज द्वारा उपरोज्य इस पद्धति में अधिदेश के टंकण की आवश्यकता न होने के कारण कार्य शीघ्र तथा सुरूचिपूर्ण होता है।

HDD = HARD DISK DRIVE

स्थायी चकती संचाली

सम्पादयित्र प्रणाली द्वारा सूचनाओं के स्थायी संग्रहण हेतु उपर्युक्त अव्यव जिसमें सूचना संग्रहण हेतु चुम्बकीय माध्यम स्थायी चकतियों के रूप में सुनिश्चित क्षमता रखता है।

HMA = HIGH MEMORY AREA

विभवान्तर प्रदान किया जाता है, तब कण विन्यास लम्बित हो जाता है। ऐसे अनेक कणकों के संयोग से अभिदर्शन का कार्य लिया जाता है।

MAN = METROPOLITAN AREA NETWORK

नागर आक्षेत्र तन्त्र

लगभग 50 कि.मी. लम्बाई चौड़ाई के आक्षेत्र में स्थित सम्पादयित्र प्रणालियों का तन्त्र

Mb = MEGABIT

मैगाद्विंक

10^6 द्विंक

MB = MEGABYTE

मैगाअंकाष्टी

2^{20} अंकाष्टी

MIPS = MILLION INSTRUCTIONS PER SECOND

दशलक्ष उपदेश प्रति सैकण्ड

सम्पादयित्र प्रणाली के केन्द्रीय परिष्कृत एकक के वेगमापन की इकाई।

MTBF = MEAN TIME BETWEEN FAILURES

अक्षमता मध्य कालमाध्य

किसी उपस्कर की दो आसन्न अक्षमताओं के मध्य कालमाध्यम। इससे उपस्कार की सक्षमता का मापन होता है।

NLQ = NEAR LETTER QUALITY

पत्र कोटि सन्निकट

बिन्दु आव्यूह मुद्रकों के मुद्रण बहिर्पात की एक कोटि जो लगभग सम्पन्न मुद्रण के स्तर की हो।

NTFS = NEW TECHNOLOGOY FILE SYSTEM

नव तर्कशास्त्र संचिका प्रणाली

विण्डोज-एन टी की संचिका प्रणाली।

OCR = OPTICAL CHARACTER RECOGNITION

दृष्टीय अक्षर प्रतिचिन्हन

पाठ्य के दृश्य से उसके पठन की सम्पादयित्री पद्धति जो दृष्टीय अन्वीक्षण उपस्करस्कैनर-के माध्यम अपनायी जाती है।

IBM RS/6000 = IBM RS/6000

आई.बी.एम. आर एस -6००० सम्पादयित्र

आई.बी.एम. का एक विशाल सम्पादयित्र तन्त्र जिसमें 32 द्विंकों के 7 अथवा 9 सूक्ष्मपरिष्कारक उपर्युक्त किये जाते हैं। बाद में इसे एपिल तथा मोटोरोला के सहयोग से पावर पी सी के रूप में विकसित किया गया।

P5 = P5

पी 5

पंण्टियम सूक्ष्म-परिष्कारक का सांकेतिक नाम।

PRN = PRINTER

मुद्रक

एम एस डॉस तथा अरो एस-2 द्वारा मुद्रक के लिये संक्षिप्त नाम।

Q&A = Q&A

क्यू एण्ड ए

एक सरल धृति परिष्कृति उत्पादयी प्रक्रम।

REXX = RESTRUCTURED EXTENDED EXEXUTOR

पुनर्संरचित व्यालम्बित अनुपालक

एक प्रक्रमण भाषा जो परिचारण प्रणाली ओ एस-2 के साथ उपलब्ध है।

RGB = RED-GREEN-BLUE

रक्ति-हरित-नीलिम

वर्ण व्यवस्था के तीन मूल रंग जिनके विभिन्न अनुपातों में मिश्रण से

अन्य सभी रंग बनते हैं।

SAA = SYSTEM APPLICATION ARCHITECUTRE

प्रणालीय उपादयन आरचना

आई. बी. एम. द्वारा व्याख्यित अभीष्ट आरचना सिद्धान्त जिनको आधार बनाकर आई. बी. एम. ने अपने विकास कार्य किये।

SIP = SINGLE-INLINE PACKAGE

एकल पंक्ति आवेष्ट

यह भी सिम की तरह ही मुद्रित परिपथ पटल होता है। अन्तर केवल इतना होता है कि इसमें सम्बद्धन पट्टिकाओं के स्थान पर सुचालक कुश होते हैं।

TB = TERABYTE

टेरा अंकाष्टी

10^{12} अंकाष्टी = 2^{40} अंकाष्टी धृति परिमाण।

TPI = TRACKS PER INCH

लीक प्रति इंच

अपनेयी तथा स्थायी चकती की प्रति इंच त्रिज्या में वृत्ताकार धति अंकन लीकों की संख्या, जो चकती के धृति घनत्व का एक मापक है।

TCP/IP = TRANSMISSION CONTROL PROTOCOL/INTERNET PROTOCOL

संप्रेक्षण संयमन आचार संहिता-इण्टरनेट आचार-संहिता

धृति संचारण जो इण्टरनेट सहित तन्त्र बहुल द्वारा अपनायी जा रही है।

UAE = UNRCOVERABLE APPLICATION ERROR

अनुद्धार्य उपादयन त्रुटि

उपादयी प्रक्रम द्वारा विण्डोज के उपयोग में किया गया दोषपूर्ण व्यवहार जिसे विण्डोज अक्षम्य मानती है तथा उपादयी प्रक्रम को व्याक्ष कर देती है।

UART = UNIVERSAL ASYNCHRONOUS RECEIVER/ TRANSMITTER

वैश्य असंकालिक प्रापक-संप्रेषक

परालम्बित असंकालिक धृति संचारण हेतु अव्यव, जिसे प्रापक अथवा संप्रेषक रूप में क्रियावान किया जा सकता है। इस अव्यव का उपयोग सम्पादयित्र परालम्बित तोरण निर्माण में किया जाता है।

VDT/U = VIDEO DISPLAY TERMINAL/UNIT

दृष्ट्य अभिदर्श व्याहती : एकक

सम्पादयित्र प्रेक्षक का एक नाम।

WAN = WIDE AREA NETWORK

वृहत् आक्षेत्र तन्त्र

विशाल आक्षेत्र में स्थित सम्पादयित्रों का तन्त्र। इण्टरनेट इसका विशालतम उदाहरण है।

XMS = EXTENDED MEMORY SPECIFICATION

व्यालम्बित स्मृति विशिष्ट

एम एस डॉस संचिका हाइमेम. सिस के माध्यम से व्यवस्थित सम्पादयित्र व्यालम्बिन स्मृति प्रणाली।